U0077247

吳淑美　著

作者簡介

吳淑美

現職

國立新竹師範學院　特殊教育學系教授

學歷

國立政治大學　心理學學士

美國密蘇里大學　兒童及家庭發展碩士

美國密蘇里大學　統計碩士

美國密蘇里大學　特殊教育哲學博士

經歷

國立新竹師範學院　副教授・教授

國立新竹師範學院　特教中心主任・特教系創系主任

竹師實小　學前及國小融合班創辦人

著作

著有《病弱兒之教養》、《融合式課程設計》等書

其餘尚有主編之融合班多層次國語科教材等書及專題研究報告十種

作者序

「學前融合班教學理念篇」是學前融合教育系列中的第一本，這本書中包含的範圍很廣，在理論的部分談及何謂學前特殊教育及早期介入，還提到各種學派對學前特教及早期介入的影響。第二章談到學前特教的現況及各種安置特殊幼兒的方式。第三章主要是介紹竹師實小學前融合班，包括設班計畫、現況及達成的任務，並附上以學前融合班幼兒爲研究對象的研究摘要。第四章主要是討論學前特殊教育及融合的理念，並附上測試理念的問卷。第五章主要是談師資及人力應具備哪些條件，並以竹師實小融合班爲例，說明在經營一學前融合班時，教師應做些什麼及教師間如何分工，第六章主要是以親職教育爲題，談如何讓父母參與及成爲教師教學的夥伴，第七章主要介紹資源如何取得，第八章談到學前及國小的銜接，最後一章附上和學前融合教育相關的演講大綱。整本書内容從理念切入，讓讀者了解經營一個學前融合班應具備哪些條件，書上附了很多有關竹師實小融合班如何成班及運作的資料，希望這些資料能提供欲設立學前融合班者參考。由於原始資料非常多，故只擷取精華部分，讓讀者一窺學前融合班之面貌，看完這本書了解何謂學前融合教育後，接著看學前融合教育系列其他有關教學策略、擬定個別化教育方案及教學實務的書，才能領略學前融合班教學的奧妙。

吳淑美　謹識
於國立新竹師院　特教系
一九九八年八月十四日

目　錄

壹、學前特殊教育理論

貳、台灣學前特殊教育安置之現況

參、竹師實小學前融合班介紹

肆、理念與信念

伍、學前特教師資之培育

陸、親職教育

柒、尋求資源

捌、學前與國小課程的銜接

玖、演講大綱

參考資料

學前特殊教育理論

一、學前特殊教育緣起

和特殊教育發展的歷史一樣，學前特殊教育（Early Childhood Special Education）在早期並未受到重視，一直到近二十年來才成為快速發展的一個領域。它比特殊教育更重視家庭的需求，認為在考慮孩子需求時亦需同時考慮家庭的需求，隨著對特殊孩子的了解增加及教學技術的日益進步，社會大眾對學前特殊教育的重視亦逐漸形成共識，咸認為特殊教育的服務應愈早愈好，甚至應從零歲開始。

學前特殊教育的興起受下列因素影響：

㈠早期教育的重要

大約在一六〇〇年後期，西方社會才開始重視孩子的獨特性，認為不應該用對待大人的方式來對待孩子，洛克（Locke）認為孩子就像一張白紙，需要大人多去理解孩子的想法。之後，盧梭（1762-1911）在他所寫的《愛彌兒》一書中，強調孩子的教育應該從一出生就開始，並且相信嚴格的管教對孩子的學習是有害的，孩子應該被善意的對待，他們也有自己的人權。一八三〇年時，福祿貝爾在德國設立第一所幼稚園，認為幼兒教育和大孩子的教育是不同的，布姆（Bloom）在一九六四年尤其強調嬰幼兒期的經驗對孩子的發展有關鍵性的影響。以智力的發展而言，他認為在〇至四歲間智力發展了 35%，四至八歲間智力發展了 30 %，八至十七歲間智力則發展了 20 %。

㈡重視少數團體的利益

隨著孩子的教育受到重視，教育的對象也逐漸轉移到一些特定對象上。大約在一九六〇年左右，美國發現有兩類兒童在學校較不能適應：一類是來自低收入或貧窮家庭的兒童，另一類是有學習問題的兒童（其中多數為殘障兒），於是在一九六五年時針對來自低收入家庭的兒童設立了啓蒙計畫（Head start program），以降低這些低收入家庭兒童在校不適應行為發生之比率，並增進其成就感。在一九六六年美國設立了殘障兒童教育司，職司殘障兒童教育之安排及規畫。更在一九七二年以立法來強制要求啓蒙計畫（Head start program）提供百分之十的招生名額給殘障兒童，使啓蒙計畫成為最早讓普通幼兒與特殊幼兒融合在一起的安置方式。然啓蒙計畫（Head start program）提供的特教服務僅止於提供一個較充實的環境，它透過營養、學習及醫療來矯正孩子的缺陷，讓就讀啓蒙計畫（Head start program）的幼兒較有能力去面對外界的挑戰，然並未針對就讀啓蒙計畫（Head start program）的殘障幼兒設計適合的課程。截至一九八五年為止，在美國進入啓蒙計畫（Head start program）型態幼稚園之特殊幼兒已超過六萬人。可見少數團體的權益在當時已受到重視。

㈢社會壓力及法令的影響

如上所述，法令及輿論成為監督政府的重要角色，亦讓公立學校開始優先提供特殊孩子教育的機會。

法令的頒布更讓特殊教育的實施有了法源基礎，以下是一些影響美國學前特殊教育的興起及成形之相關法令：

和學前特教相關的法令

通過時間	法令名稱	重要性及貢獻
1968	P.L.90-538	提出障礙幼兒早期教育計畫（Handicapped Children's Early Education Program, 簡稱 HCEEP），提供經費發展早期介入模式。
1972	P.L.92-424	要求啓蒙（Head Start）型態的幼稚園，保留 10％的招生名額給特殊幼兒。
1973	P.L.93-112	在復健法案第 504 章節中，強制要求接受州政府補助的學前及其他各級學校提供平等的機會給殘障幼兒。
1975	P.L.94-142	通過殘障教育法（Handicapped Education Law），強制提供最少限制的環境及免費適當的公立教育給 3-21 歲的殘障者。
1983	P.L.98-199	修改 1975 年通過的 P.L.94-142，支持發展學前、早期介入及轉銜的示範模式。將服務模式向下延伸到出生。
1986	P.L.99-457	再次修改 P.L.94-142，在 B 部分要求各州強制提供 3-5 歲幼兒服務，H 部分強制提供 0-2 歲幼兒介入計畫，強調提供個別化家庭服務計畫（IFSP），提供家庭個案處理服務，讓社會大眾認識早期介入，建立單一責任制、監督及調整服務品質，建立州際機構間早期介入聯絡管道。
1990	P.L.101-476	修改殘障教育法（P.L.4-142）重新定名爲 Individual Disabilities Education Act, 簡稱 IDEA。將 handicapped 改爲 disabilities 提供轉銜及輔助科技服務。

※P.L.指的是 Public Law（公法）。

㈣環境對發展的影響

對殘障幼兒而言，教學或介入是否能改變孩子的發展狀況一直是值得探討的一項課題，因為在二十世紀或更早咸認為智能不足是天生的，是一不可改變的事實，一直到一九三九年 Skeel 和 Dye 用十三個放在教養機構由年長的智障婦女照顧的幼兒（實驗組）和十二個一直留在孤兒院的幼兒（對照組）做為受試，經過十八個月到三年的觀察，研究結果顯示實驗組的智商增加了二十七分，而在孤兒院的對照組智商平均減少了二十六分。顯然殘障幼兒的智力可以隨著環境而改變，即殘障兒智力仍有改變的空間。這個研究前後經過了二十一年，繼續追蹤到這些孩子長大成人，結果顯示不同的刺激對孩子有完全不同的影響，實驗組的受試不但有比較好的發展，智力商數也比前測時提升了許多。它證明當早期環境提供的刺激不同時，以後的發展亦不同，之後的研究也證實環境的刺激或介入確實可以改變殘障幼兒的行為。基於這個結論，殘障幼兒的早期教育不但可行，且對孩子以後的發展有關鍵性的影響，其他早期介入的研究也證實了這個論點，使得早期介入成為特殊教育的發展趨勢。

二、學前特殊教育之定義

學前特殊教育（Early Childhood Special Education）簡稱 ECSE，是特殊教育中新興的領域，主要是針對○至五歲的特殊幼兒及其家庭提供特殊教育服務。目前學前特殊教育在特殊教育各個領域中，已有領先其他領域之趨勢，並已發展出數以百計的課程模式。其特色是不強調分類，著重完整性的課程（comprehensive curriculum）。

㈠學前特殊教育與學前教育之比較

很多人仍分不清學前教育及學前特殊教育之分野，經比較，它們的共同點是服務的對象都是學前階段的幼兒，至於學前教育（Early Childhood Education, 簡稱 ECE）和學前特殊教育（ECSE）的差別可從理論基礎及教學方法來看：

1. 學前教育（ECE）：

   係根據盧梭、福祿貝爾、蒙特梭利、皮亞傑、維高斯基、艾力森（Erikson）等人的理論，較以孩子爲中心，教學活動須根據孩子的準備度、興趣及教室的環境而定。

2. 學前特殊教育（ECSE）：

   主要是根據特殊教育的模式衍生而來，較以教學爲取向，學前特殊教育的課程計畫應用了行爲學派的行爲改變技術以及教育心理學的精熟學習。由於特殊孩子無法經由普通的環境刺激而進步，教師必須設計教學的情境，提供個別化或密集化的學習機會以增進孩子的發展，並爲特殊孩子設定教學目標及教學活動。

受到早期回歸主流及融合教育運動的影響，學前特殊教育開始採用融合教育（inclusion）的模式，在採融合教育取向的教室中，爲了因應普通孩子及特殊孩子的需要，學前特殊教育必須調整以往的教學方式，加入學前教育的一些理念，使教學變得更生動活潑。因而學前特殊教育不但具有學前教育的特質，且更重視學生的需求。

㈡學前特殊教育與其他領域的關係

學前特殊教育領域是多種理論及領域（醫學、心理學、特殊教育及學前教育）的結合體，它和相關領域的關係如下表：

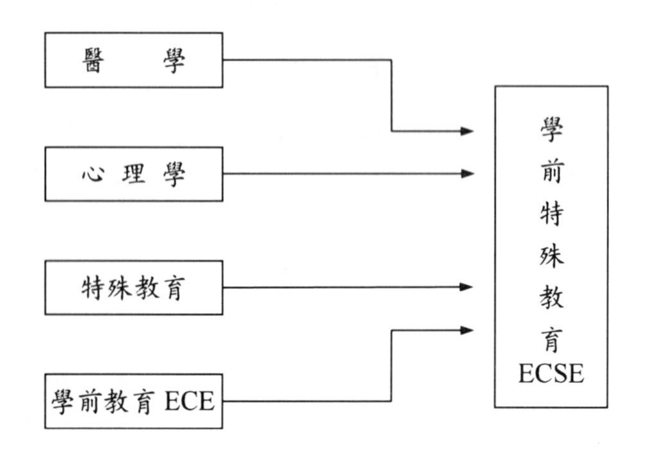

簡單的說，學前特殊教育這個學門具下列特質：

- 針對○至五歲特殊幼兒及其家庭提供特殊教育服務。
- 不只是學前教育及特殊教育這兩個領域的延伸。
- 不僅是這兩個領域的加成。
- 是把這兩個領域統整起來，較以兒童發展爲主。

三、學前特殊教育與各學派間的關係

如前節所述，學前特殊教育是各種理論或學派的綜合體，如欲了解學前特殊教育，須先了解與其相關之理論學派：

各學派的特徵及其比較如下：

㈠行為學派

強調：

1. 孩子是被動的學習者，而不是主動的學習。
2. 技巧的評量，強調成果而非過程。
3. 將技巧分成小步驟，按順序學習。
4. 重複練習。
5. 直接教學，直接告訴學生答案，而非用引導啓發的方式。
6. 自我導正及糾正。
7. 診療與訓練的結合（對症下藥），先找出教學的起點，再針對不會的部分教。
8. 計畫性的學習。
9. 示範及強化。
10. 學習準備度。
11. 語言的學習。
12. 自我的步調（self-paced）：每個人學習的步調是不同的。

㈡皮亞傑認知學派

強調：

1. 孩子是主動的學習者。
2. 階段論：每一階段是下一個階段的基礎。
3. 強調感官動作及語言兩個領域。
4. 重視啓發。
5. 重視遊戲。
6. 語言的隨機教學。
7. 角落（activity center）學習。
8. 創造性活動。
9. 老師扮演引導者的角色。

10.思考之過程，而非結果。

11.自我的步調。

㈢蒙特梭利（Montessori）模式

強調：

1.主動學習探索。

2.結構化的學習（每一種教具都有其既定的玩法及功能）。

3.順序、系統（包括材料、操作程序）。

4.感官動作及生活自理訓練。

5.孩子在學習中可以自我導正錯誤，例如插座圓柱體上有不同大小的洞，孩子如果插錯棒子，就放不進去。

6.個別的學習。教具大部分都是一個人操作，較少製造孩子間互動的機會。

7.老師扮演引導者的角色。

8.教室布置採角落或學習區的方式，鼓勵孩子自由的操作。

㈣行為／技巧（ability）學派

衍生自行爲學派，強調：

1.能力及結果（觀察孩子在視覺、聽覺及觸覺上的表現）。

2.分析如何去完成一件工作所需的技巧。

3.將複雜的技巧分成小的步驟（工作分析）。

4.人是被動的，需以示範及強化來增進學習。

5.直接的學習。

6.每個孩子可以有個別的目標。

㈤綜合學派

將不同的學派綜合後，取各種學派的優點，例如：特殊教育常將行爲學派中的工作分析、認知學派中的感官動作、蒙特梭利的教具，結合起來，並參考各種學派中強調的教學領域，如發展學派強調的認知、動作、情緒；行動學派強調的語言及學業準備度；蒙特梭利學派強調的感官動作及生活自理；認知學派強調的思考過程，而發展出學前特教強調的五大教學領域：認知、語言、動作、社會及生活自理。至於領域間何者爲發展的重要關鍵，則有不同的看法。大多數早期介入課程模式咸認爲感官動作領域是發展的基礎，然而教學目標仍應涵蓋所有的教學領域，亦即五大教學領域。至於各個領域間的交互影響，各個學派的看法雖一致，但何者爲因，何者爲果，看法則不一致。例如行爲學派認爲學業上或認知的表現將可增進自我概念，而發展學派則認爲社會發展是認知發展的基礎，當孩子覺得安全，有價值時，才能發展出認知的技巧。

比較學派之教學理念後發現，行爲學派強調直接的教學，而發展學派強調孩子從遊戲中學習，蒙氏強調用具體有順序的材料來引發孩子的學習，皮亞傑則強調孩子主動的與環境互動，教師扮演引導者的角色。蒙氏及皮亞傑學派都認爲教學應依孩子的能力而設計。

很多學派都認爲每個孩子有自己的起點及學習的步調。這個論點和特殊教育個別化教學理念非常接近，學前特教強調教學應根據孩子的起點並依循發展的順序，至於教學的策略則可採工作分析的方式，按部就班的教導每個步驟，因而學前特殊教育乃集各家之大成，結合各派的優點而成，並發展出自己的教學原則及理念。

四、早期介入

早期介入（early intervention）指的是提供殘障嬰幼兒及其家庭的服務，愈早愈好。

㈠早期介入的目的

有下列數項：

1. 提供孩子行爲的改變。
2. 發展的速度加速，不會停滯在某個點。
3. 學習新的行爲，例如學會使用湯匙。
4. 增加獨立性。
5. 防止其他的殘障，以免問題惡化，衍生其他問題。
6. 發現第二類的殘障。
7. 減少教育特殊孩子的費用。
8. 與小學階段課程銜接。
9. 提供父母資源：例如讓父母獲得教養特殊幼兒相關的資訊。

㈡早期介入課程模式的緣起

在一九六八年，美國國會爲了激勵學前特殊教育的發展，提供經費補助各種學前特殊教育的模式，希望經由這項補助，開發出早期介入的課程模式以證明早期介入的療效。這項法案稱爲殘障幼兒早期教育計畫（Handicapped Children's Early Education Program，簡稱爲HCEEP），又稱爲先驅（First Chance）計畫。這個計畫內容包含：⑴

提供及選擇合適的早期介入模式，以供示範及觀摩；⑵將模式發展的資料整理出來印製，供後人使用。在一九六九年時全美只有二十四個早期介入課程模式，到了一九七九及一九八〇年接受補助的計畫就有兩百個之多，其中一百一十一個計畫已包含了剛出生的嬰兒爲服務對象。

㈢較著名之早期介入課程模式

根據美國聯合評鑑委員會（The Joint Dissemination Review Panel）的資料，在早期介入模式中，下述的幾種是較具代表性值得推廣的，在此將按提供早期介入的地點分成三類一一介紹，並列出名稱、通過日期、招收對象、特色及採用該模式的學校數。

1. 中心本位：教學或介入的地點在學校。

計畫名稱／日期／學校數	招收對象	特　色
1. Rutland project （9/75）（78 個）	2-8 歲嚴重情緒障礙兒童	
2. Peech project （11/75）（42 個）	3-5 歲各種類別特殊幼兒	
3. High Scope project （3/79）（61 個）	4-6 歲各種類別特殊幼兒	以認知導向（cognitive oriented）之課程爲主
4. Regional Demonstration program（11/75）	3-5 歲各種類別特殊幼兒	強調團隊
5. Chapel Hill project （3/78）（900 個）	4-6 歲各種類別輕度障礙幼兒	強調回歸主流，發展出發展量表
6. Good Samaritan Hospital project （6/81）（10 個）	4-6 歲多重障礙及肢體障礙幼兒	強調工作分析、診療與教學結合
7. Down Syndrome project （9/75）（52 個）	0-6 歲唐氏兒	

2.家庭本位：教學地點在家裏，教師到家裏提供介入服務。

計畫名稱／日期／學校數	招收對象	特　色
1. Macomb project（6/80）（15 個）	0-3 歲各種類別特殊幼兒	使用拖車巡迴服務
2. Peoria project（2/79）（127 個）	0-3 歲各種類別特殊幼兒	發展出評量工具
3. Unispaps project（9/75）	0-5 歲聽障兒	
4. Central Institute project（11/75）	0-4 歲聽障兒	父母做為教師
5. DEBT project（10/80）（40 個）	0-2 歲各種障礙之特殊兒	
6. PEECH project（7/79）（48 個）	1.5～6 歲之各種障礙幼兒	
7. SKI*HI project（7/78）（50 個）	0-6 歲聽障幼兒	綜合溝通課程
8. L.P project（9/75）（85 個）	0-3 歲聽障幼兒	團隊
9. Portage project（11/75）（70 個）	0-6 歲各種障礙幼兒	

3.中心及家庭本位：有些時間在家教學，有些時間到校接受輔導。

計畫名稱／日期／學校數	招收對象	特　色
1. ERIN project （2/79）（40 個）	2-7 歲之各種障礙兒童	
2. Teaching Research project （3/78）（150 個）	1-8 歲各種障礙之中重度兒童	行爲學派
3. MAPPS project （6/80）（25 個）	0-5 歲各種障礙幼兒	
4. Communication project （9/75）（40 個）	0-6 歲語言障礙幼兒	

從以上的課程模式中發現，有些課程模式較受歡迎，例如採用Chapel Hill這個課程計畫的學校就有 900 所之多，所謂採用指的是沿用該模式的課程及教材教法，並使用其發展出來的教材、教學指引、課程或評量工具。

㈣早期介入模式之特徵

早期介入模式具有下列特徵：

1.服務以家庭爲主，提供家庭支持，重視父母的參與。

2.在評量、日常教學及與家長溝通時，尊重文化差異及不同的價值觀。

3.教學活動符合幼兒的發展及生理年齡。
4.著重活動及人的統合（integration）與融合，減少不必要的隔離。
5.評量及評鑑時強調幼兒的長處及優點，而不是一直強調缺點的補救。
6.常和家長溝通，重視家長參與並提供家長相關的訊息。
7.服務強調完整性。完整性指的是⑴提供服務的對象兼顧輕、中、重度殘障幼兒；⑵涵蓋的年齡：自出生前、嬰兒期、學齡前，到小學低年級；⑶每個年齡層都提供篩檢、診斷、父母教育、健康服務、孩子介入及其他服務。
8.教學設計強調認知、語言、動作、生活自理及情緒五個領域。
9.強調不分類，各種類別的障礙幼兒同在一班。

㈤早期介入模式的分類

一九六八年美國通過公法 P.L.90-538，提供經費發展早期介入模式。計發展出幾百種模式，這些模式大約可依型態、年齡、對象、課程取向及服務提供系統分爲不同的類型：

1.依安置的型態分類：
⑴學校（中心本位）：到校接受輔導。
⑵家庭（家庭本位）：到家輔導。
⑶家庭及學校混合：部分時間在家，部分時間到校接受輔導。
⑷融合式：分爲社區式（一個班級大多數是普通幼兒，只有一至二個特殊幼兒）及合作式（普通幼兒及特殊幼兒按比率混合，例如二比一或一比一）。

至於中心本位模式的效果較好抑或家庭本位較好，則見以下的比較：

①中心本位的好處：

A.提供特殊幼兒上學的感覺及享受學校的氣氛，可以培養幼兒的社會技巧，遵守指令並適應學校的作息。

B.提供父母暫時的休息，減輕父母照顧特殊幼兒的壓力。

C.易和學校中其他特殊幼兒家長認識並組成家長團體互相支持。

②家庭本位的好處：

A.可以享有一對一的教學輔導，較易安排其需要的教學，且不用擔心其他孩子的干擾。

B.可讓父母扮演教學者的角色，將有助於父母對教學方法的了解，父母亦可經由老師的協助扮演一稱職的教學者的角色，使老師及父母成爲教學的夥伴，增進彼此互動。

C.減少感染細菌及生病的機會。

2.依提供介入的年齡分成三種方式：

⑴自出生開始：○至三、○至五、○至六，及○至二歲。

⑵自學齡前開始：三至五、四至六歲。

⑶跨到小學階段：二至八、二至七、一至八歲。

3.依對象分類：

⑴各類都收：招收各種類別的特殊幼兒，如自閉症、學習障礙、智能不足幼兒都在同一個班級。

⑵針對某特定的一類：整班只招收一類的特殊幼兒，例如學前啓智班、學前啓聰班及學前啓仁班。

⑶融合式：班上除了特殊幼兒，還有普通幼兒。

4.依課程取向分類：

⑴認知取向爲主：例如採用皮亞傑（Piaget）的認知發展理論或是懷克（David Waikart）的認知導向課程。

⑵發展取向爲主：教學著重增進各種領域的發展。

⑶行爲學派爲主：強調行爲的強化及消止。

⑷綜合取向：結合各學派之優缺點，取其精華而成。

㈥早期介入之服務提供系統

指提供的服務對象、範圍、性質及由誰提供服務。每個模式作法不一，主要是肇因服務提供系統所提供的服務品質不同造成。所謂服務，指的是提供給特殊幼兒的教學及治療，只要能增進其學習者，都可稱爲一種服務，例如提供交通工具、輔助技巧都可視爲一種服務，因而服務提供系統愈完善者，幼兒享受到的服務就愈多。在選擇合適的班級時，常須了解每種班級提供了哪些服務，以下是服務提供系統包含的要項：

1. 對象：孩子、母親（父母），或家庭（含兄弟姐妹及家中其他成員）。
2. 從什麼時候開始提供服務：出生、嬰兒期，還是學前？
3. 提供什麼服務？服務的內容包括：

⑴篩檢

⑵診斷評量

⑶提供教學

⑷治療：例如物理、語言、音樂或職能等治療

⑸父母諮商

⑹醫療

⑺交通

⑻其他

4.地點：服務的地點是在家裏、學校還是醫院（例如語言矯治室）?

5.介入的環境：一對一、統合式、隔離式（全班都是特殊幼兒）或融合式。

6.經由哪個單位提供服務：公立學校、私立學校或政府機構。

7.提供者：由父母、老師、一個團隊，或半專業人士（例如義工）提供服務。

所謂團隊（intervention team），指的是提供服務的人形成一個專業團隊，成員計有下列數種：

⑴聽力檢查師。

⑵學前特教教師：扮演評量孩子起點及學習情形，擬定合適的目標，提供教學、父母諮商及提供評鑑所需資料等角色。

⑶早期介入專家：指的是教導○至二歲特殊幼兒之專業人員。

⑷神經科醫生：提供神經檢查。

⑸護士：提供預防疾病及協助找尋個案，做為學校、家庭及醫療系統間溝通的橋樑，扮演父母諮商的角色。

⑹營養學家：找出問題根源，通知父母，及訂定營養計畫。

⑺職能治療師（OT）：評估及提供感覺統合、手功能的治療。

⑻物理治療師（PT）：強調大動作領域的治療。

⑼語言治療師（ST）：評估語言發展、診斷及治療語言障礙並提供教學的建議。

⑽視力檢查師。

⑾骨科醫師：檢查及治療骨骼肌肉的問題。

⑿耳鼻喉科醫師。

⒀小兒科醫師：從病史中找出可能的病因。

⒁發展心理學家：施測、解釋測驗結果及根據測驗結果提出建議。

⒂精神科醫生。

⒃社工：拜訪父母、了解家庭狀況、評估家庭的資源，及提供訊息幫忙建立家庭支持系統，做爲家庭及學校的溝通橋樑。

⒄遊戲治療師：使用遊戲活動爲介入策略，以增進幼兒學習。

㈦早期介入模式採用之課程

各種課程模式採用的課程雖不同，但仍有其共通性，並符合一定的原則，其原則如下：

1. 編排的原則：

主要爲加速孩子發展上的進步並增進其獨立的能力，對輕中度殘障之幼兒而言，早期介入課程主要是希望透過教學來增進其在發展上進步的速度；至於重度殘障兒，則希望增進其獨立的功能，減少對他人的依賴，因而課程取向較以功能性爲主，將發展的課程和功能性課程結合，既符合發展的原則，又符合實用性，則是課程發展之新趨勢。

2. 課程內容：

早期介入課程模式有效與否，主要是視課程模式是否符合幼兒的需要而定，每種課程模式因招收幼兒的對象不同，而呈現多元化的發展，例如學前聽障班的課程就和學前啓智班的課程內容不同。但課程模式之間仍有一些共通的地方，例如課程都是強調社會、語言、認知、動作（大動作及小動作）及生活自理（吃、如廁、穿衣等）等五大領域。每個領域包含的範圍都很廣，例如在認知領域，孩子要先學會注視物品的技巧，再學會分辨物品形狀、大小、顏色等技巧。因而教學如何完整的呈現各個領域強調的技巧，讓幼兒按部就班的學習，就需有一套完整的課程指引了。課程指引可告訴你每個領域應包含哪些項目及項目的先後順序，哪些要先教，哪些要後教。此外，課程領域間的相關性亦是設計課程時要特別注意的，例如習得一件認知技巧——指出大象的圖片，不只需要認知技巧，還需要動作技巧的配合；當幼兒知道大象圖片爲何，卻無法用手指或是無法聽指令時，就無法表現認知的技巧。此外要求幼兒說出水果名稱時，亦須考量幼兒對物品理解的情形，當幼兒連「什麼是蘋果」都不知時，就無法說出「蘋果」。因而課程領域或雖各自獨立，但彼此卻是互相關連的，如何將不同領域的技巧結合，形成一個有意義的教學活動就變得非常重要。一個好的課程模式在實施教學時，如何有系統地呈現出課程領域間的完整性及領域的相關性，並提供適當的活動教案，都是影響一個課程模式有效與否的因素。

㈧早期介入模式達成的成果

可從研究結論及研發出來的資料兩方面來看：

1. 早期介入研究獲致的結論：

⑴參與早期介入班級的幼兒在發展上有顯著的進步，尤其是在認知及動作的發展上。

⑵發展上的進步可持續到入小學前。

⑶介入的對象如果包含父母效果會更好。

⑷介入的時間愈早效果愈大，二歲前比二歲至四歲間提供介入更有效，研究證明早期介入有必要，且愈早成效愈好。需全面推行學前特殊教育，提供早期介入的機會。

2. 模式發展出來可供流傳的教材及資料，包括下列幾項：

⑴師資訓練及在職訓練教材（佔最多數）

⑵增進認知發展的教材

⑶父母訓練教材

⑷班級管理／評鑑教材

⑸課程

⑹參考文獻

⑺教室觀察檢核表

⑻父母訓練課程

⑼發展檢核表（0-3 歲）（3-8 歲）

⑽發展評量工具（0-3 歲）（3-8 歲）：指的是用來評量發展階段及年齡之測驗工具

⑾計畫教學使用之評量表

⑿教學指引

⒀正常／異常發展錄音帶

⒁活動設計

⒂教科書

㈨其他課程模式介紹

1. Project RHISE 計畫：

是早期介入課程模式的一種，命名為 Rockford Handicapped Infant Services Expansion 簡稱 RHISE，在一九七三年推出，對象是鄉村地區低收入家庭中之〇至三歲發展遲緩嬰兒，其課程亦可適用於〇至五歲之幼兒。

特色為：

⑴使用嬰幼兒發展測驗為篩檢工具。

⑵專門人員負責老師之訓練；老師扮演父母的訓練者。

⑶發展出一套嬰兒發展評量表（Rockford Infant Developmental Evaluation Scales 簡稱 RIDES）。

⑷個別化教育方案（IEP）與教學結合，並把 IEP 的目標融入日常教學活動中。

⑸父母參與。

⑹跨專業領域間之合作（Transdisciplinary model）。

2. Northwest Centers Child Development Porgram：

提供整天及統合（integrated）式的課程，亦即包含普通幼兒及特殊幼兒在同一班級，並針對每位幼兒發展的情形設計個別化教學方案，老師及學生的比例爲一比四，所有的老師都是合格的特教教師及學前教育專家，尚有物理治療師、職能治療師及語言治療師，不定期的爲孩子提供所需的服務，另外，工作人員尚包括家庭訪問員及護士。

服務對象爲四個月至六十個月大的孩子，每月一次家長會議、家庭訪問及邀請父母參與教學活動。

㈩早期介入課程模式之評鑑

一般而言，早期介入的課程模式大致可分成兩派：一派較偏向自由及鼓勵孩子間之社會互動，和一般的幼稚園較類似；另一派則較偏向高結構性，由老師主導所有活動的模式。然而實際上很少有課程模式完全參照某一學派，都是綜合各種學派，加上自己的觀點修改成自己想要的模式。

然而在這麼多課程模式中，有些模式成效較好卻是事實，在評鑑及選擇一個課程模式時，除了考慮其理念外，尚須考量是否符合下列幾項標準：

1. 教師及孩子的比例高，最好是一比四或一比五。
2. 教師能認同整個模式的教育理念並執行理念。
3. 教師間協調與合作，並鼓勵孩子間的合作學習。
4. 能提供父母參與及支持。
5. 強調功能性技巧。
6. 將個別化教學目標的執行、評量及調整融入教學中。
7. 強調語言的介入。
8. 鼓勵普通及特殊幼兒間的互動。
9. 除了教師執行教學外，尚有治療師及其他相關人員組成一團隊，彼此形成一合作的關係。
10. 課程模式會根據教學對象所需而調整課程，並嘗試多種教學方式及運用科技來教導特殊幼兒。
11. 課程模式能提出介入有效與否的研究數據，例如參與之孩子在進入班級前後在發展及行爲的改變。
12. 課程模式除了設立班級外，亦發展出課程、評量表或其他訓練手冊，供對模式有興趣者參考及依循。
13. 採研究本位或價值本位，以研究證明其成效。
14. 以家庭爲中心：重視家長的參與，參與指的是個別化教育方案的擬定及課程的參與。
15. 合於文化背景：安排合乎國情及文化的課程。
16. 合乎心理／生理：教學內容既符合幼兒發展的年齡，亦能考量其實際年齡，提供適合其年齡的活動。
17. 跨學領域：安排不同專業領域的人參與及彼此間的合作。

18.合乎正常化原則：安置時安排能與普通幼兒互動的機會。

從以上的幾項特徵中，發現要評估一個學前特教模式是有方向的。在以往我們常認為只要提供特殊幼兒安置就好，有進步就好；現在幼兒接受介入，我們應該關心的是針對不同的對象，哪一種模式最有效，最能符合特殊幼兒的需要？亦即應開始做學前特教模式的評鑑，尋求最有效的教學模式予以推廣。

五、學前特殊教育未來的趨勢

學前特殊教育日益受到重視，已是公認的事實，未來甚至將成為特殊教育的主流。在未來的發展趨勢上，學前特教勢必朝向整合的方向，並綜合特殊教育、學前教育及心理學各領域的長處，發展成為更符合特殊幼兒之需求，提供最佳服務品質的學門。

在談及未來趨勢前，須先了解辦理學前特殊教育班時應先具備哪些條件，方能達到成效，這些成功必備的條件為：

(1)學前教育和學前特殊教育界的通力合作：學前教育及學前特殊教育的對象都是學齡前的幼兒，無論是在教學的領域及教學資源上都有共通處，因而亟須合作以期資源共享。

(2)配合個別需要來設計活動：特殊教育強調因材施教，教學如無法符合特殊幼兒需求，則不能稱為學前特殊教育。

(3)行政的支持：指的是學校及行政體系給予班級的協助，包括經費、人力等資源的提供。

⑷家長的支持：特殊教育強調家長是教師的夥伴。家長是最好的人力資源，家長的支持可幫助班級順利的運作，因而家長的支持是學校最應爭取，亦是較易取得的資源，如無家長的支持，其他的資源亦不易取得。

至於學前特殊教育未來的趨勢則可從理念及教學兩方面來談：

㈠理念方面

1. 以孩子爲主走向以家庭爲主，考量家庭的需求。
2. 由隔離走向融合，以符合正常化原則。
3. 由交互領域走向貫通領域：團隊的每一成員互相傳遞個人的專業給對方，而不是各自爲政。
4. 由單純文化走向多元文化：孩子的組成不應只限定某種背景，應接納來自不同族群的孩子，因每種文化都有其特色及值得學習處。
5. 由獨家提供服務到合作提供服務的方式：每個單位間通力合作，有些單位提供教學，有些單位提供診斷的服務。

㈡教學方面

1. 由發展課程到功能性課程，教學除強調各領域發展外，更強調教學內容要和生活相關，例如堆積木的活動改爲堆碗。
2. 由老師主導教學活動到由孩子主導教學活動，以孩子的需求爲教學中心。
3. 強調高結構教學到低結構教學，強調引起動機，隨機教學，由教師扮演催化者的角色。
4. 由矯治行爲本身到找出行爲發生的前因後果，例如幼兒有打人行爲時，須找出打人背後的原因，而不是只壓制打人的行爲就可。

5. 教學採技巧本位（教學著重一個個技巧教）至活動本位教學（活動同時涵蓋不同的目標）。

6. 強調教學導向至以遊戲爲導向，教學著重自然化、遊戲化，如此才能爲幼兒所接受。

常言預防勝於治療，預防與治療應同時並進，早期發現配合早期介入，仍可彌補預防的不足。發現特殊幼兒時，應開始積極尋求治療及介入，介入可以是治療，亦可以是教學，切勿等待進入小學後才開始介入，而失去早期介入的時機。

台灣學前特殊教育安置之現況

目前台灣特殊幼兒安置的環境，如果以和普通幼兒互動的程度來分，大概可分爲下列幾類：

一、自給自足式的學前特教班

特殊幼兒並未安排時段與同校的普通幼兒互動。這樣的班級又可分爲只招收某一類的特殊幼兒，例如學前啓聰班以招收聽障幼兒爲主；及各種類別均收，例如啓幼班，班上特殊幼兒的類別可能不只一類。

二、統合式的學前特教班

指的是全班都是特殊幼兒，透過活動安排特殊幼兒與普通幼兒互動的班級，特殊幼兒與普通幼兒統合或互動的經驗可透過下列方式來達成：

㈠特殊幼兒在某些時段參與普通班級活動：例如參與普通班的唱遊課、點心課等，和目前回歸主流的方式類似。

㈡安排普通幼兒到特殊班：讓普通幼兒參與特殊班的課程。這種方式稱爲反回歸主流（Reverse mainstreaming），不只特殊幼兒在特殊班，亦讓普通幼兒進入特殊班。

㈢全時安排普通幼兒到特殊班，和特殊幼兒一起學習，班上普通幼兒的人數少於特殊幼兒人數，普通幼兒主要做爲特殊幼兒模仿的對象，它和第二種的區別在於參與特殊班的時間，第二種爲部分時間進入，第三種則爲全時進入特殊班。

以上這三種方式都提供了特殊幼兒和普通幼兒互動的經驗，但本質上仍是一特殊班。

三、資源班

除了特殊班外，特殊幼兒尚可安置在資源班，資源班指的是：

——學生部分時間抽出原班至資源班接受輔導

——原班教師教普通及特殊幼兒

——需配合原班之作息而抽出（pull out）

——特教服務之提供主要在隔離之教室（資源教室）中進行

資源班的特殊幼兒在普通班的時間雖比起自給自足式特殊班的幼兒待在普通班的時間多，但只有在到資源班的時間才接受特教服務，其在普通班的課程並未因需要而調整。

四、融合班

指的是特殊幼兒全時進入普通班，成爲普通班的一份子，融合班常會因特殊幼兒的人數及障礙程度而呈現不同的面貌。

㈠融合之比率

指的是一個班級內普通與特殊幼兒人數之比率。一般可分爲兩種型態：

1. 社區式：

特殊幼兒佔整個班級人數很少的比率，班上只有一至二個特殊幼兒。

2. 合作式：

普通幼兒及特殊幼兒按比率混合，例如十五個普通幼兒與八個特殊幼兒之混合特殊班，班上有學前班教師（一名）及學前特殊教育教師（二名）共同來照顧普通及特殊幼兒，普通幼兒與特殊幼兒人數比率爲二比一。

㈡融合之程度

融合班不只是把普通及特殊幼兒混合在一起，還要做到社會性及學業性的融合。因此並非每個有特殊幼兒的班級都能眞正做到融合並符合融合的指標，目前讓特殊幼兒融入普通班之作法不一。例如在招生對象上，從招收輕度障礙幼兒至不分殘障類別及輕重者都招收。在提供服務上，特殊幼兒在普通班從表面參與到能在普通班接受所需的服務。根據招收的對象及提供的服務，一般幼兒園依融合程度深淺可分爲下列二種：

1. 幼兒園融入不同類別的障礙幼兒，除了教師外，還有治療師提供所需的服務

——教師須調整課程，與治療師合作

——治療師在普通班提供相關服務

2.特殊幼兒經過鑑定，普通班有輕、中、重度殘障幼兒融合在內

——教師接受部分訓練

——教師是團隊一員

——教師須執行個別化家庭服務方案（IFSP）或個別化教育方案（IEP）

——與學前特殊教育教師合作

五、一般幼稚園及托兒所

特殊幼兒混合在一般的幼稚園或托兒所，亦是安置的一種方式，這樣的安置型態和融合班級最大的不同是教師未針對特殊幼兒的需求安排課程，甚至不知其爲特殊幼兒，讓特殊需求的特殊幼兒適應一般幼稚園或托兒所的教學方式，如此型態的安置只能稱爲混合，而不是融合。比起一般自給自足式的特殊班，幼稚園或托兒所能提供的是正常化的教育經驗，對有些有特殊幼兒的家長而言，社會互動的經驗比起就讀學前特教班還來得重要。

爲了順應融合的潮流，配合政府政策，一般的幼稚園及托兒所開始保留一些名額給特殊幼兒，隨著特殊幼兒進入一般幼稚園的人數愈來愈多，爲了讓特殊幼兒在幼稚園得到較好的照顧，各類幼稚園及托兒所在招收特殊幼兒前應事先評估園方能提供的教學是否能滿足特殊幼兒需求及家長期望。

首先要了解特殊幼兒上幼稚園的目的及家長的需求爲何？一般而言，

父母送特殊幼兒進幼稚園或托兒所的目的是希望幼稚園或托兒所能夠：

1. 提供托兒服務。

2. 提供社會互動及團體生活。

3. 提供補救教學，以發揮孩子的潛能。

4. 提供特殊幼兒全盤的課程並爲特殊幼兒擬定個別化教育方案。

大部分幼稚園或托兒所都能提供父母第一及第二種服務，甚至達到第三種目的，至於欲達到第四種目的，則須專業人員協助。此外，特殊幼兒的父母在選擇幼稚園或托兒所時，亦須先行了解園方能提供的服務及限制。例如：

1. 幼稚園能及願意接納哪一類型的特殊幼兒及哪一種殘障程度（輕度，還是中、重度）特殊幼兒？

2. 能提供上述哪一類服務。

父母在了解自己的需求及幼稚園或托兒所能提供的服務後，才能爲特殊幼兒選擇合適的幼稚園。在學前教育階段，特殊幼兒安置在普通班（如第三、四、五種）的比例愈來愈高，其中第四種安置方式（融合班）在台灣仍屬少數，未來特殊幼兒在普通班能否由混合走向眞正的融合，更是努力的方向。

竹師實小學前融合班介紹

當國內的學前特殊教育仍在起步，學前特教班未普遍設立時，新竹師院在民國七十八年開始了學前「融合教育之實驗」，把普通幼兒及特殊幼兒融合在一起,如今這個實驗已延伸到國小階段，成為國小的另一種選擇。

一、竹師實小學前融合班設立之緣起

新竹師院學前融合教育實驗班設立於民國七十八年十月十六日。它設立的目的，是實驗在學前階段實施融合之可行性。筆者在美研讀特殊教育時，曾修了一門「學前特殊教育課程模式」的課，每個人要交出一個學前特教班的企畫案。筆者認為最理想的學前特教班就是以融合為主，亦即班上有特殊孩子及普通孩子一起學習，研究顯示這樣的課程模式對特殊孩子利多於弊，且合乎特殊教育的理念。當時國內學前階段的特殊教育尚在萌芽階段，僅有少數的國小設有學前特教班，且大部分以同一類的特殊教育為主，例如學前聽障班，班上並無普通幼兒與特殊幼兒一起學習。

這些學前特教班的共同點是都是以服務單一類的特殊幼兒為主，且採隔離的方式，它並不符合美國的學前特教趨勢。在美國，學前階段的特殊幼兒為避免標記，盡量不分類，且立法要求學前階段的特殊幼兒應儘可能和普通幼兒一起，以達正常化的要求。在了解國內學前特教的現況及需求後，就開始著手準備學前融合教育的實驗研究，先開始尋找實驗的對象。第一年一共收了十六位小朋友，年齡三至五歲，其中五位是特殊孩子，再聘了三位教師，如此就開了班。由於這第一批勇於接受新理念的家長全力的支持，這個實驗才得以持續下去。

第一年的下學期，我們除了早上的融合教育班，下午又收了三個特殊幼兒做為早上班的對照組。從此實驗班不只有早上的融合班（班上有特殊孩子及普通孩子），亦有了隔離式的班（班上只有特殊幼兒），二者可互相對照及銜接，例如可讓一些嚴重障礙的特殊幼兒先從隔離班開始就讀，等有了進步，再轉入早上的學前融合班。到了第二年，多了一間小教室，可以略為增班，並且有了整天班，老師也由三位增加到六位，到了第三年，實驗班已有四十五位小朋友，七位老師。

經過三年的努力，實驗班已略具規模，在課程上亦不斷創新調整。這樣的班級之所以能生存，應歸功於這個班有存在的必要性，亦即學前特殊教育在新竹地區有設立的需要。如果沒有這個需求，這個班就不可能存在。在教學方面，將普通幼兒及特殊幼兒課程融為一體，讓兩類幼兒都能各取所需，因材施教，也吸引了很多普通幼兒前來就讀。然而最大的關鍵還是老師大力的配合及學習，如果沒有好的師資來執行課程，融合班的成效亦會打折扣。

九年一晃就過去了，實驗班能從一個研究計畫（學前聽障、語障融合實驗研究計畫）到正式設班，其間經過許多人的努力，尤其要謝謝學校（新竹師院）在有限的空間的情況下，能繼續提供學前融合班一塊場地，給小朋友一個活動學習的場所。八十一年正式設班納入竹師實小編制後，編制有六位老師及一位生活輔導員，有了正式的編制及經費，這個班可以長期正式的發展，期待它的設立能帶給學前特殊教育一個新的發展模式。

後記：自民國八十三年八月起，學前融合班向上延伸到國小階段。現有國小一年級、二年級、三年級、四年級及五年級五個班，每班廿四名學生，八名為中重度障礙兒童，其他十六名為普通學童，班上普通及特殊兒童人數之比率仍維持在二比一。

二、竹師實小學前融合班設班計畫

㈠設立之動機

1. 動機

在特殊教育的領域，早期介入的觀念漸漸受到重視，對於學前階段的特殊幼兒，太早給予標記會造成孩子自尊心受損；因而學前特殊教育講求完整性的教育，而把各類幼兒儘可能放在一起，等到幼兒進入小學，個性及發展漸趨穩定，再給予適當的分類。

在學前階段就讓特殊幼兒和普通幼兒接觸、相處，不但可以縮短彼此的距離，亦可達到互相學習的目的；再者，學前階段課程乃小學課程之準備，且課程較富彈性，把特殊幼兒和普通幼兒儘早放在一起，不但可達到早期發現、早期治療的效果，亦可提供特殊幼兒一個正常的學習模式，安排一有利普通幼兒及特殊幼兒學習的環境。提供一個家長、教師、學者及從事特殊教育者可以共同參與，並實現其教育理念的機會。

2. 目的

本班設立之目的，共有下列五點，探討如下：

⑴特殊幼兒及普通幼兒在融合式的教育環境中社會互動的情形，以及社會互動是否能自然發生？

⑵特殊幼兒在進入融合式班級後進步的情形？

⑶特殊幼兒及普通幼兒的比例是否恰當？

⑷上午融合式教育班的幼兒及下午特殊輔導班的幼兒之社會行爲是否有所差異？

⑸參加融合式教育班的普通幼兒之父母，在孩子上課前後對於融合教育的看法是否有所差異？

㈡基本理念

1. 以尊重人爲原則，讓孩子在遊戲中學習。
2. 尊重幼兒學習的意願，讓孩子能主動學習及有表達思考的機會，並給幼兒犯錯的機會和成長的時間與空間，而不強迫幼兒學習。
3. 教師在教學過程中扮演著協助的角色，他們必須了解幼兒的發展及個別的需要，隨時因幼兒的需要調整自己的教法。
4. 提供完整的學習內容，廣泛運用各種資源，除了教室中的學習，亦重視自然情境中的學習及生活教育。
5. 提供舒適的教學環境，讓幼兒有學習動機，教室裡有各種空間的安排，例如自然安靜的角落及動作的角落，完全依幼兒的需要而布置，並安排及設計幼兒互動的機會。
6. 將教室的管理及紀律融入教學設計之中，並將教具分門別類按角落置放，給予幼兒一種秩序感，且讓幼兒學習收拾整理；再讓幼兒自由選擇學習角落，以培養獨立自主、穩定性、自動自發和積極的個性。在教學活動的安排上，依幼兒的能力、興趣，循序漸進的引導幼兒探索學習；使幼兒能得到適性的發展，並培養他們將來適應社會、參與社會及服務社會的能力。
7. 重視家長及其他人員的參與，除了專任教師外，也鼓勵家長、學生及其他社會人士（如義工）參與本計畫；另有相關領域之學者專家組成諮詢教授群，提供各項教學計畫及教學調整的建議。

8.讓幼兒做決定，學習解決問題，以及和環境產生互動，並在環境中自立成長。

㈢輔導目標

1.對於特殊幼兒的輔導目標爲：

⑴參與學校活動。

⑵能和同學及老師建立良好關係。

⑶發展其自信心及信任他人的情意目標。

⑷適應學校環境。

⑸和自己比較能有進步的成績。

2.對於普通幼兒的輔導目標爲：

除了達到學前教育所應達成的目標外，更希望在這樣一個融合教育式的環境中，能培養正確的社交觀念及同理心，不會有歧視特殊幼兒的心理，同時也希望他們能和特殊幼兒共同從事一些活動，互相合作。

㈣教學重點

本實驗班之教學乃是依據國內外學前特殊教育模式而設計，課程部分參考 Dr.Waikart 的認知導向課程模式，其課程適用於學前至小學三年級階段之普通兒童。此課程由於彈性大，亦可適用於融合教育式的教學環境。爲了因應我國的教學環境及幼兒們的特殊需要，課程已作了很多調整，並且加入其他的教學模式。總之，其重點如下：

1.課程著重語言、認知、生活自理、動作及社會情緒之發展，並把每一領域應該具備的「學習經驗」傳遞給幼兒。

2.課程以評量爲基礎，再依幼兒之經驗、能力及需要編寫教材，視需要將課程加深加廣，使其能在實際操作中學習。

3. 採經驗統整課程：課程按單元排列，以單元爲中心，其他相關之經驗與單元配合，例如單元爲「開學」，將其他和開學有關之生活經驗亦按「學習經驗」（如分類、數、社會、語言、主動學習、表徵、時間、空間）介紹給幼兒。老師應事先計畫學習目標，並觀察記錄學習效果。

4. 混齡教學：每一班學生不只包含一個年齡組，通常是涵蓋兩個年齡層，以達到幼兒間的互動。特殊幼兒依其生理年齡分班，例如一個五歲的幼兒，雖有發展遲緩的現象，但仍和其他的五歲幼兒放在同一班。

5. 多層次教學（Multi-level teaching）：由於幼兒的個別差異極大，爲引起幼兒的學習動機，在教學上必須採用不同的層次，例如一套數學教具，對於程度較差的幼兒可教他「數的認識」；程度較好的幼兒則可以教他加法。而教師必須熟悉幼兒的發展層次及教具的特性，方能做到多層次教學及因材施教。

㈤學習型態

分爲下列幾種教學型態：

1. 個別化教學：

依幼兒的需要，安排語言、知動、生活自理、感覺統合及認知等訓練。特殊訓練課程除了安排個別時間外，儘量融合在日常課程之中，並依幼兒的需要排列主要課程及輔導課程，隨時調整課程內容，改進教學方法。例如語言訓練課程儘量安排在大團體及小組教學等作息活動之中。

2. 小組教學：

把特殊幼兒及普通幼兒依年齡及能力分組，或由幼兒依據選取之科目（例如科學）分組，再依老師的特長輔導幼兒，讓幼兒有機會嘗試各種不同的活動及接受各種學習經驗，並彈性應用空間及設備。

3.角落教學：

包括語言、認知、動作、扮演、藝術等角落，讓幼兒計畫如何在角落中工作、學習及評鑑，以培養獨立思考、共同合作的能力。

4.大團體教學：

提供團體經驗，經由遊戲、律動、講故事、欣賞表演、實驗觀察等方式，增進團體之向心力。

5.戶外教學：

以大自然爲教室，並參觀各種機構，拓展幼兒視野，增進社會性。

㈥教學評量

評鑑將著重在幼兒參與這個班前後之進步情形及課程之評估。

1.建立起點行爲：

在幼兒進入這個班級之後，將使用一些標準化測驗工具，如智力測驗或其他發展量表（如學齡前兒童發展量表）以評估幼兒的各項發展，作爲設定課程之參考，並爲每位幼兒設定一學期之課程目標。

2.課程之評估：

將小組及個別輔導的課程之目標（行爲目標）和教學內容作詳盡之評量，以確定教學目標是否達成，並作爲修正課程之參考。

3.幼兒學習之評量：

依據幼兒在學習過程中之表現評估學習之狀況，可在期中或學期結束後做一總結性評量。

㈦展望

期望這個班級能爲學前特殊教育開發一個新的模式，並對於能適合融合教育之環境的幼兒及早提供選擇的機會。

三、竹師實小學前融合班現況

班級現況、招生、實施方式如下：

㈠學前融合班班級現況（如下表）

竹師實小學前融合班三班現況

	融合班（大班）	融合班（小班）	融合班（特教班）
年　齡	4-6 歲	3-4 歲	3-5 歲
上課時間	星期一～星期六 8:00-11:30	星期一～星期六 8:00-11:30	一、二、四、五 2:00-4:10 三、六 8:00-11:30
幼生總人數	21	21	12
特殊幼兒人數	7	7	12
普通幼兒人數	14	14	12
老師人數	3	3	4
特殊幼兒與普通幼兒的比率	1:2	1:2	1:1
備　註	1.特殊幼兒排時間至資源教室接受個別輔導 2.特殊幼兒學習目標融入教學中 3.大、小班普通幼兒亦可讀全日班 4.目前全日班共 12 名幼兒		特殊幼兒分四組，每組三人，在點心、户外、大團體及遊戲治療等作息時間與全日班普通幼兒互動

特殊幼兒分成上、下午時段安置共二十六名，其殘障類別如下表：

特殊幼兒殘障類別分布表

全班26人														
上午班（大班）7人					上午班（小班）7人					下午班12人				
		智障	自閉症	發展遲緩	視障	聽障	智障	情障	學習障礙	聽障	智障	自閉症	腦性麻痺	情障
		3	1	3	1	1	3	1	1	1	4	3	3	1
						（智障）		（腦性麻痺）		（腦性麻痺）				

備註（　）爲多重障礙者

早上：42人（普通＋特殊幼兒）
下午：12人（特殊幼兒）
下午：12人（普通幼兒）
66人次

㈡實施方式

1. 上課方式：

⑴融合班（上午班）：

特殊幼兒和普通幼兒安置在同一班，特殊幼兒另行安排特殊輔導課程，課程由個別輔導老師負責。

⑵融合式學前特教班（下午班）：

上課時間以下午爲主，簡稱爲下午班，教學以特殊幼兒爲主，有全日班的普通幼兒混在其中。

2. 上課時間：

分成兩種時段：

⑴融合班（上午班）：

每週一至週六每天上午八點三十分至十一點三十分。

⑵融合式學前特教班（下午班）：

每週一、二、四、五下午二點至四點十分上課，週三、六上午參與大、小班教學。

3. 作息安排：

分爲上午班（大、小班）及下午班三種作息：

上午班（大班）作息表

時間	活 動 名 稱
8:00-8:40	自由活動（遊戲治療）
8:40-8:45	收拾整理
8:45-9:00	日曆活動、計畫時間
9:00-9:30	角落活動
9:30-10:00	户外活動（感覺統合訓練）
10:00-10:30	W.C.、點心時間、生活自理訓練
10:30-11:00	小組時間
11:00-11:25	大團體時間、回憶時間
11:25-11:30	準備放學
11:30-12:00	午餐

備註：8:00-11:30 特殊幼兒安排個別輔導。

上午班（小班）作息表

時間	活動名稱
8:00-8:40	自由活動（遊戲治療）
8:40-8:45	收拾整理
8:45-9:00	大團體活動
9:00-9:30	計畫時間、角落時間
9:30-10:00	小組時間
10:00-10:30	W.C.、點心時間、生活自理訓練
10:30-11:00	户外活動（感覺統合訓練）
11:00-11:25	大團體時間
11:25-11:30	準備放學
11:30-12:00	午　　餐

下午班作息表

時間	活動名稱
2:00-2:10	問好
2:10-2:30	大團體時間（語言／溝通）
2:30-2:45	小組一（認知／語言）
2:45-3:00	小組二（感官／精細）
3:00-3:20	點心時間、生活自理訓練
3:20-3:35	小組三（遊戲／社會技巧）
3:35-3:55	户外時間／感覺統合訓練
3:55-4:10	故事回憶／放學

※星期一：美勞課（藝術治療）
星期三：遊戲數學
星期四：奧福音樂教學，分三段時間進行
星期六：韻律教學分三段進行

㈢招生方式

檢附招生簡章及招生時幼兒能力評估表：

招生簡章

竹師實小學前融合教育班招生簡章（八十六學年度）

壹、依據

依行政院八十年十月二十一日台八十教字第三三二一一號函辦理。

貳、設班宗旨

學前融合班採「融合式教育」方式教學，亦即將普通與特殊幼兒放在一起學習，以二比一之比率混合。課程以角落、小組、大團體及個別輔導等模式呈現。老師尊重學生學習的意願，了解幼兒的發展及個別需要，提供完整的學習內容、舒適的教學環境，因幼兒的需要而調整自己的教法，使孩子得到適性的發展，培養他們將來適應社會、參與社會及服務社會的能力，是一個適合普通孩子及特殊孩子就讀的環境。自民國七十八年起以研究計畫設立，至民國八十一年納入竹師實小編制，編制為六位學前特教班教師及一位生輔員。班級場所在新竹師院，由新竹師院特教系吳淑美教授負責課程規畫。

參、設班性質

一、教學重點：本實驗班之教學乃是參考國外學前特殊教育模式並因應我國的教學環境及幼兒們的特殊需求而設計，其課程適用於學前至小學階段之普通兒童及特殊兒童。課程著重語言、認知、生活自理、動作及社會情緒之發展，並把每一領域所應該具備的學習經驗傳遞給幼兒。

二、名額：

㈠特殊幼兒六名（特殊幼兒指已領有殘障手冊或經鑑定須接受特殊

教育服務者）。

㈡普通幼兒八名。

㈢備取十名。

肆、報名：

一、對象：須設籍於新竹市者。

㈠凡三足歲以上未滿六足歲之幼兒均可報名（八十年九月二日至八十三年九月一日出生者）。

㈡凡具前項資格者，不受學區限制，均得報名甄試。

二、報名日期：即日起至八十六年六月二十五日止，上班時間每日上午九至十二時，下午二至五時。

三、報名地點：竹師實小學前融合班辦公室，地址——新竹市南大路五二一號。電話(03)5612633 或 5213132 轉 7201。

四、報名手續：由家長親自或委託報名，填寫幼兒基本資料表。

伍、甄試

一、日期：八十六年七月十三日（星期日）上午八點半至十一點半，下午一點至四點。（請提早半小時以便辦理報到等手續）

二、地點：竹師實小學前融合班。

三、當日繳交：

㈠繳驗戶口名簿正本（驗後發還）

㈡特殊幼兒鑑定資料或殘障手冊

㈢回郵信封（寫好收信地址及收信人）

四、甄試內容及時間如下：

項　目	時　間	對象	百分比	說　　明
⑴發展能力評估（生活自理、精細、語言、認知、社會）	上午八點半——下午四點	幼兒		普通幼兒須達基本標準
⑵父母填寫問卷	上午八點半——十一點半	家長	40 %	
⑶晤談	下午一點—四點	家長	60 %	

五、錄取標準：

以二項測驗依比率計算後的總分高低錄取，如同分以晤談分數為主。

六、放榜：八十六年七月二十二日下午在學前融合班榜示，並另以書面個別通知。

陸、附則

一、本次招生由竹師實小學前融合班組成甄選委員會擬定入班標準及審核入班學生。

二、本簡章如有未盡事宜得隨時修正公佈。

幼兒能力評估

招生時做為評估幼兒發展能力，以為錄取之參考用。通常會依據五項領域：認知、語言、動作（大動作、細動作）、社會性、生活自理編列目標，並設計活動，以了解幼兒是否能達到活動目標，生活自理則請父母填寫檢核表，評估目的是了解幼兒學習的現況，評估表範例如下：（每年視需要調整內容）

幼兒能力評估表

✓表通過　△需協助　×不通過

幼兒姓名：	評　量		
評　量　項　目	1	2	3
一、社會性			
1.進門會自己脫鞋			
2.會主動打招呼			
3.會正確使用玩具（不破壞）			
4.離開時會主動將玩具歸位			
5.會主動接近其他幼兒			
6.會協助他人			
7.不會攻擊他人			
8.不會搶他人玩具			
9.離開父母時不會哭鬧			
10.會說「請、謝謝、對不起」			
評量者：			
備註：			

幼兒能力評估表

✓表通過　△需協助　×不通過

幼兒姓名：	評　量		
評　量　項　目	1	2	3
二、語言			
1.能看圖說故事			
2.唱一首兒歌			
評量者：			
三、精細動作			
1.舀豆子			
2.夾彈珠			
3.手指遊戲			
4.創意積木設計			
評量者：			
四、粗動作			
1.跳床			
2.走平衡木			
3.在墊子上前滾翻			
4.前跳、後跳			
評量者：			
備註：			

㈣師資

編制爲六位學前特教教師，一名生活輔導員，每位老師均需負責特殊幼兒之教學。

教師統計表

教師：六人　生活輔導員：一人		
學　歷	**人數**	**備　　　註**
研究所	0	
大　學	6	*已修得特教學分（含生輔員）
大　專	1	*1 人爲幼專畢。
高　中	0	

*教師每週一次參與教學討論與心得交換。
*安排教師於不定期在職進修。

㈤義工

自八十一學年度起，因教學工作的需要，每學期徵召一批義工媽媽，每天安排一位義工，工作時間從上午八時三十分至十一時三十分，其工作內容爲：協助角落教學、協助小組教學、協助個別輔導及協助其他事項（例如幫忙買點心或協助突發事件之處理）。

㈥場地分配

三樓：實驗班辦公室。

一樓：大、小班教室、教具儲藏室一間、資源教室、戶外場、廚房。

地下室：教具室、儲藏室、感覺統合室（兼作音樂、韻律教室及物理治療室）。

一樓

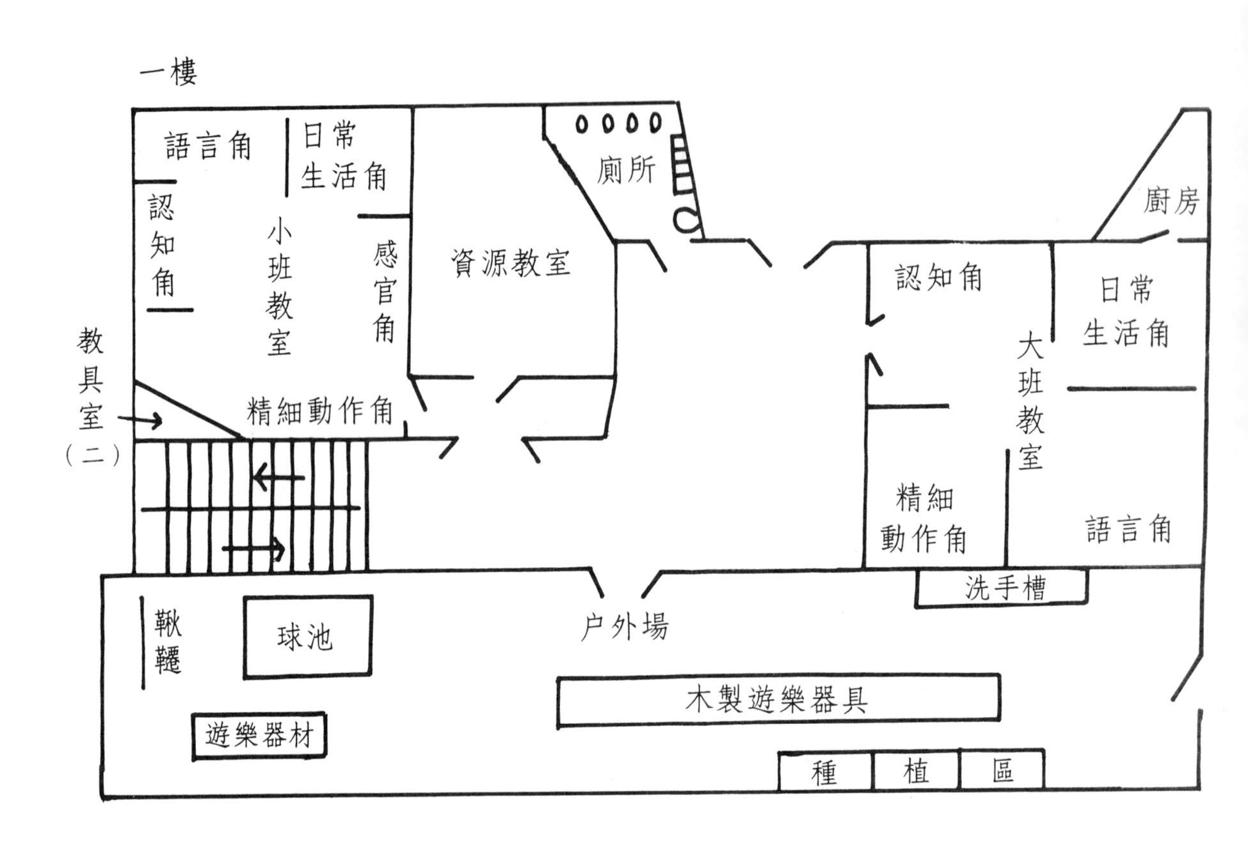
語言角
日常生活角
認知角
小班教室
感官角
資源教室
廁所
廚房
認知角
日常生活角
大班教室
教具室（二）
精細動作角
精細動作角
語言角
洗手槽
鞦韆
球池
戶外場
木製遊樂器具
遊樂器材
種
植
區

地下室

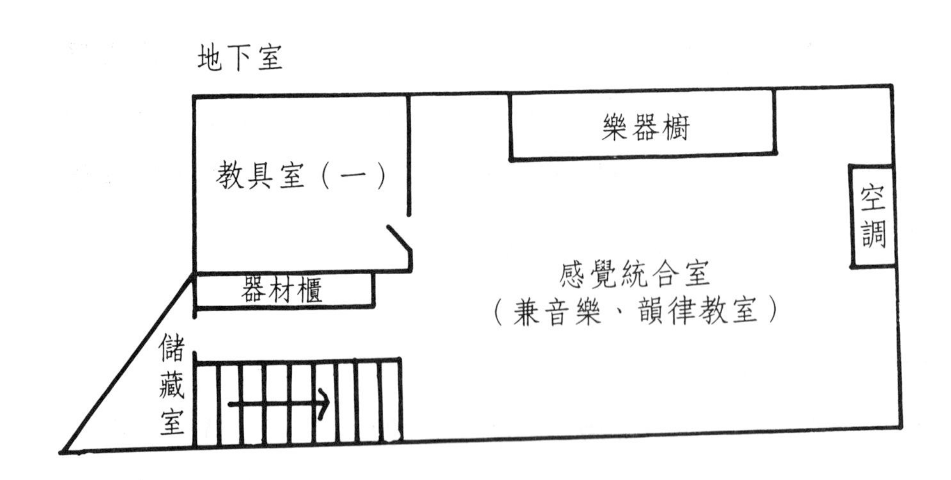
樂器櫥
教具室（一）
空調
感覺統合室
（兼音樂、韻律教室）
器材櫃
儲藏室

四、竹師實小學前融合班教學特色及沿革

竹師實小學前融合班成立多年，其教學經不斷調整，自成一體，其秉持的理念、教學特色及其間的改變如下：

㈠對象：不分類，各類特殊幼兒均收。

㈡型態：以學校爲主且採融合方式。

㈢課程：兼顧功能性及完整性。著重語言、認知、生活自理、動作及社會之發展並以評量爲基礎。

㈣作息：分上、下午班作息。

㈤環境：角落爲主並配合單元主題作情境布置。

㈥教學型態：分爲小組教學、個別教學、團體教學、角落教學。

㈦人事費自給自足，三年後正式納入竹師實小編制。

㈧採混齡教育：由三個年齡組一班至二個年齡組一班。

㈨由融合式教育型態進展到上、下午兩種型態（早上採融合，下午採隔離），再到早上、下午均採融合，並且上午普通與特殊幼兒比率爲二比一，下午爲一比一。

㈩普通孩子與特殊孩子按比率混合：

曾嘗試過二比一、三比一、一比一，甚至兩種比率同時存在。目前早上以二比一之比率爲主，下午以一比一爲主。

⑴目前所有的特殊幼兒都有和普通幼兒互動，然上午班普通幼兒人數爲特殊幼兒兩倍，下午班則爲一倍。

㈩設班之初，只收輕度學生，現各類均收，多數幼兒為中重度障礙幼兒。

㈪學生來源由登報招募至自行登記，人數由十六人至五十四人。

㈫招生具特色，父母需經面談，以認同本班的理念者優先。

㈬教學採多層次教學及活動為主（activity-based instruction）的教學，作息含多種型態（小組、一對一、團體，甚至並存）。

㈭每班（大、小班）三位老師加一位義工，師生比約一比五；小組教學時，個輔老師加入變為一比四，下午特殊班比例為一比三（並有父母協助）。

㈮除了教師外，並有專業治療師，現有一位復健師以及語言治療師、兩位音樂治療師進行一週一次治療，並提供父母諮商、鑑定與評量等相關服務。

㈯依幼兒需要設計課程，課程分為認知、語言、生活自理、社會、動作等五大領域。

㈰教學特色以環境語言及社會統合活動、遊戲治療為主。

㈱著重父母的參與。

㈲特殊教育課程儘量融入在普通幼兒課程之中，例如語言訓練課程，融入大團體、小組及角落教學活動之中，教學並以生活為中心。

五、達成之任務

學前融合班設立後，除了達到安置普通幼兒及特殊幼兒的目的外，亦提供了學前特殊教育工作者研究、實習及觀摩的機會。綜合起來，其工作要項可分爲行政、課程與教學、研究、推廣等四項：

㈠行政

行政工作分爲下列幾項：

1. 硬體之維護
2. 教學空間之規畫及設計（多功能設計）
3. 教具、教材之購買
4. 招生及鑑定
5. 人員之招募及訓練：研究助理、義工、教師及治療師
6. 班務之運作及監督
7. 其他行政工作

㈡課程與教學

工作要項爲：

1. 決定實驗班之方向
2. 各類教案（早上班、個輔、下午班）之撰寫及修改
3. 每週個案及教學討論會
4. 編印語言矯治及遊戲治療課程
5. 編印各個領域教學活動設計
6. 編印學前特殊教育工作手冊
7. 編印學前幼兒能力評估表
8. 編印教具使用手冊
9. 各類教學表格之設計，常用表格如下：

⑴各領域之檢核表

⑵小組教學評量表

⑶期末評量表

⑷個別化教育方案（IEP）總結評量表

⑸以活動為主的評量表（activity-based assessment）

⑹角落評量表：評量幼兒在角落學習情形，包括社會／遊戲技巧及其他技巧的評量

⑺工作分析表

⑻語言觀察記錄表：評估幼兒語言的能力，以做為教學之參考

⑼社會／遊戲技巧評量表

㈢**研究**

從事以竹師實小學前融合班為實驗地點，並以就讀融合班之特殊幼兒為研究對象之研究。研究主題及摘要如下：

1. 發展遲緩幼兒在融合教育安置下社會互動、社會地位及發展能力之研究（吳淑美，民國 81 年）。

摘要：本研究旨在探討特殊幼兒在融合教育班中社會互動、社會地位及發展能力之情形。以竹師實小學前融合班中的十二名特殊幼兒為對象，透過自然觀察、社會地位評估及發展測驗，發現之結果如下：

⑴特殊幼兒在融合教育班有社會互動產生，而特殊幼兒之社會互動與本身發展能力、社會技巧及情緒穩定度有關。

⑵負向互動行為比率出現愈多者，單獨遊戲比率亦愈多。

⑶特殊幼兒在融合班受接納程度偏低，而其接納度又與外貌、入班時間長短及個人基本能力有關。

⑷特殊幼兒之發展能力可透過學習引導而增進。

⑸及早提供融合教育的環境有助特殊幼兒的社會互動能力及發展能力。

建議包括：

⑴儘速使學前特殊教育制度化。

⑵強化融合教育的教育觀念，學前階段宜採融合教育的教育安置。

⑶妥爲設計特殊幼兒的課程。

註：本研究爲七十九學年教育部國民教育司經費補助下之專案。

2. 父母對學前融合教育態度之研究（吳淑美、陳昭儀，民 81）。

摘要：本研究主要是針對父母對學前融合教育的態度進行研究。此研究是比較幼兒曾參與及未曾參與融合教育安置方式的父母、未曾接觸過特殊人士的父母及曾接觸過特殊人士的父母，對於學前融合教育的教育安置之態度是否不同。父母對於性格及行爲異常、多重障礙及中重度智能不足的幼兒在學前融合教育的安置情況下較爲擔心。對學前融合教育的看法有正面及反面的意見。

3. 特殊幼兒遊戲發展能力，工作專注度及社會互動間的關係（吳淑美，民 82）。

摘要：本研究旨在探討特殊幼兒遊戲發展能力、工作專注度及社會互動之間的關係，以竹師實小學前融合班中的八名特殊幼兒爲對象，透過自然觀察了解受試者在遊戲團體訓練前後社會互動之情形，並以工作專注度爲指標，了解受試者在不同作息及教學型態下工作專注的情形。發現之結果如下：

⑴特殊幼兒的遊戲發展能力可透過學習引導而增進。

⑵遊戲發展能力愈佳者，其工作專注及社會互動能力愈佳。

⑶工作專注度和作息及教學型態有關。愈結構化的教學型態，工作

專注度愈高。

⑷特殊幼兒在大團體及角落時的專注度最低，在遊戲團體時的專注度最高。

⑸遊戲團體訓練對正向社會互動之比率有增進的效果，然卻無法達到類化的效果。

建議爲：應及早提供能給予互動的環境，以增進特殊幼兒的社會互動能力及發展能力，強化融合教育的觀念。學前階段宜採融合教育的教育安置，並妥爲設計特殊幼兒的課程。

4.特殊幼兒環境語言訓練成效之研究（吳淑美，民 82）。

摘要：本研究旨在探討環境語言訓練課程之成效，以竹師實小學前融合班的十四名特殊幼兒爲對象，並選取在環境語言量表中表現較好的六名爲受試者，分成實驗組及控制組，每組三名。實驗組施以句型訓練，以環境語言教學中之示範教學及隨機教學爲主要訓練策略，發現之結果如下：

⑴環境語言訓練課程能有效地增進受試者的語言發展能力。

⑵環境語言教學策略（示範教學及隨機教學）未能增進實驗組受試者的句型發展能力及其句子平均長度。

⑶環境語言量表可用來診斷受試者的語言發展能力並作爲語言訓練之參考。

建議包括：

⑴語言教學應多和環境結合。

⑵環境語言教學策略應視對象及教學內容而定。

⑶語言評估工具應增加信度。

5.探討特殊幼兒遊戲行爲、社會互動及教師行爲與教育安置間之關係

（吳淑美，民 84）。

摘要：本研究旨在探討特殊幼兒在上午班（普通及特殊幼兒比率爲二比一）及下午班（特殊幼兒人數約等於普通幼兒人數）中社會互動、遊戲行爲及教師行爲之情形。以竹師實小學前融合班中的十二名特殊幼兒爲對象，其中六名就讀早上班，另外六名就讀下午班，透過自然觀察、時間取樣的方法，發現之結果如下：

⑴上午班受試者的社會互動及接近遊戲比率顯著的大於下午班的受試者。

⑵經過教學的引導，所有受試者在接近遊戲及社會互動上都有進步。

⑶特殊幼兒互動對象仍以特殊幼兒爲主，上午班的受試者在正向互動上採主動的比率高於被動互動的比率。

⑷正向互動時，下午班受試者與普通同儕互動比率大於上午班受試者與普通同儕互動的比率。

⑸下午班受試者星期一、二、四、五下午的社會互動及接近遊戲表現比星期三、六早上參與早上班時的表現佳。

⑹上、下午班受試者非遊戲比率無明顯差異，上、下午班受試者的遊戲能力極爲接近。

⑺上、下午班教師介入量無明顯差異。

⑻及早提供融合教育或統合的環境，有助於特殊幼兒的互動能力及遊戲發展能力。

⑼特殊幼兒的社會互動和遊戲行爲有相關。

⑽特殊幼兒的社會互動、老師介入及遊戲行爲和安置環境有關。

未來研究方向擬探討：

⑴融合教育及隔離式安置方式之比較。

⑵普通幼兒在融合班中之角色及成長。

⑶特殊幼兒及普通幼兒之追蹤研究。

㈣推廣

1.父母成長團體（含普通及特殊孩子的家長）。

2.鼓勵家長設立殘障協會，如新竹自閉症協會及新竹腦性痲痺協會。

3.鼓勵公私立幼稚園及托兒所招收特殊幼兒。

4.出版學前融合班教學手冊，將融合式教學理念及做法推廣。

㈤建議與展望

融合班經多年試驗，已證明學前融合之可行性，爲了使後來者能走得更順利，特提出下列建議供參考。

1.融合並非一蹴可幾，需經詳細計畫才能達到社會統合之目的，如課程經過設計，即使中、重度殘障幼兒都可進入融合班。

2.學前融合班之設立，在有限的空間、經費、編制情況下，能自給自足三年，足資證明學前特殊教育之迫切需要。

3.融合班之設備適用於普通幼兒及特殊幼兒，教師亦不分普通孩子及特殊孩子之教師，應是非常符合經濟效益之作法。

4.融合班爲普通班，對普通幼兒及特殊幼兒並未產生標記。

5.特殊教育需行政、人力、課程等配合，並重視連續性。可從〇至三歲向下或小學階段向上延伸。

6.竹師實小學前融合班，不應只以納編爲終點，亦不應視爲一般短期研究計畫，課程實驗之工作是長期的。

7.特殊教育班除老師外應有課程模式之帶領者，負責課程之督導及走向。

8. 讓竹師實小學前融合班成爲台灣推行學前特殊教育及融合教育的種子學校，它可結合特殊教育研究及實務，亦可培育學前特教教師及研究者。

9. 特殊教育乃一專業，應加強實務之研究，建議仿照國外成立一委員會，提供經費發展課程模式之實驗，經評估選取值得推廣之模式進行推廣。

10. 融合班應有一獨立運作之空間及定位，希朝實驗室或研究中心發展，如此方有獨立申請經費、人力之機會。

11. 政府應規畫大型以人爲主及牽涉到編制、場地、行政等研究之原則。

六、竹師實小學前融合班上午班及下午班之比較

竹師實小學前融合班有上午及下午兩種模式，除了上課時間不同外，最大的不同是班上普通幼兒的人數，上午時段普通幼兒是特殊幼兒人數的兩倍，下午班普通幼兒與特殊幼兒人數幾近相同。這兩種上課方式孰優孰劣，可從下列的比較中看出端倪。

㈠學前融合班概況

1. 負責人：吳淑美教授。

2. 班級：分爲下列幾種

⑴融合班大班：年齡四至六歲，上課時間在早上。

⑵融合班小班：年齡三至四歲，上課時間在早上。

⑶下午班：上課時間在下午，特殊幼兒年齡三至六歲。

⑷全日班：以普通幼兒爲主。

3. 老師人數：六位老師，一位生輔員。

4. 特殊幼兒數：二十六人。

5. 普通幼兒數：二十八人。

6. 班級中普通與特殊幼兒比例：上午爲二比一；下午爲一比一。

7. 招生對象：三至六歲之普通及特殊幼兒。

㈡上午班及下午班上課方式之介紹

1. 上午班觀察摘要：

8:40～9:00→大團體時間。和孩子討論今天星期幾及活動計畫。

9:00～9:30→角落活動。在日常生活角，孩子們正玩著結婚遊戲，老師先替孩子們化妝（材料是專門化妝用的），化好妝，便幫孩子們拍照，再幫孩子們卸妝。新郎很害羞，正與新娘交談。

9:28→在下個活動前，老師提醒「還有兩分鐘」，讓孩子趕快完成角落之工作。

9:30→轉換活動。老師利用音樂來帶領孩子，完成工作的孩子回到自己的位置上等待其他的孩子。

9:30～10:00→戶外活動。到戶外場玩，普通幼兒和特殊幼兒玩在一起。行動不方便的孩子，老師會在旁協助；對於特殊幼兒，普通幼兒也會給予協助。

10:00→集合。老師喊集合口令：「小朋友請集合。」並讓幼兒跟著老師唸並排隊。

10:05～10:10→點心時間。點心由幼兒的父母輪流準備，老師幫幼兒們盛點心，老師也請其他幼兒協助較嚴重的特殊幼兒。先吃完點心的幼兒可到一旁看書，對於一些餵食有困難的幼兒，老師會給予特別的食物，以免嗆到。在食用食物時，老師也讓幼兒自己食用（訓練其抓握能力及手眼協調）。

10:25→吃完收拾，特殊幼兒分配擔任清理工作。

10:30～11:00→小組時間，由三位老師分三組主導教學。教學主題是「數」買賣遊戲。各組教學內容由老師先示範，再由幼兒示範當老闆，由活動當中讓幼兒學習數的概念、數的加減等。三組三位老師的教法皆不同，不過都可由活動中傳達數的概念給孩子。

2.下午班觀察摘要：下午另有一批特殊幼兒進入。

⑴下午班之普通幼兒須和較嚴重的特殊幼兒同班。

⑵普通幼兒較少，且特殊幼兒屬較嚴重的類型。

⑶孩子們一同畫畫、一同玩，幾乎每位特殊幼兒皆有家長陪同（父母或奶奶）。

⑷戶外活動之後，有些特殊幼兒至地下室做復健及感覺統合活動。

⑸老師們幫特殊幼兒按摩，並讓他們使用特殊運動器材。

3.上午班和下午班的比較：

⑴課程上：下午班無角落活動及自由活動時間。

⑵老師人數：下午班老師人數較上午班多。

⑶孩子：早上普通幼兒較多，下午班普通幼兒人數較少且特殊幼兒情況較嚴重。

⑷班級數：早上班有大小兩班；下午班只有一班。

⑸家長支援：早上有家長準備點心，無陪同上課；下午班特殊幼兒家長多會陪同上課，人力資源較充足。

4.上午班及下午班之共同點：

⑴學前融合班中，將普通幼兒與特殊幼兒融合在一起學習，做到了有教無類及因材施教。

⑵特殊幼兒與普通幼兒一起學習，可以幫助普通幼兒培養正確社交觀念，有惻隱之心、同理心去接納特殊幼兒。

⑶普通孩子與特殊孩子一同學習，可使特殊幼兒發展自信心，適應環境、與他人建立關係，並有所進步。

⑷教學及課程設計既能保障普通幼兒權益，也能使特殊幼兒有所學習，二者兼顧，是非常理想的課程設計。

⑸早上班對於特殊幼兒安排有個別輔導時間，且能針對特殊幼兒設計相關的課程，完全將特殊孩子視爲可學習、可發展的個體。

⑹在硬體設計方面：某些特殊幼兒有特殊的輔助設備，例如復健椅子、桌子，且設有特殊幼兒的復健室，完全爲特殊幼兒的方便而著想。

⑺每位老師皆能公平、有耐心、愛心的對待孩子們，特別是特殊幼兒，更加給予細心照顧。例如戶外活動時，老師在旁協助；點心時間，會準備特別食物。

⑻普通與特殊幼兒間相處融洽，普通幼兒會幫助特殊幼兒，氣氛溫馨感人，可達成既定的輔導目標。

⑼小組教學時，雖主題相同，但每位老師的教學方式各有不同，每位老師皆可照其方式發揮其長才與理念。

⑽活動中多利用口號及音樂來吸引孩子的注意力，且使用得當、成功。例如老師準備教材時，便唸口號，讓孩子跟著一起唸，就不會吵鬧。

⑾點心由幼兒家長準備，無論是上午班或下午班，家長的配合度都非常良好，並安排有義工媽媽，可看出家長的參與度高。
⑿老師們每週開會一次，使指導者與老師們意見有所交流，感情有所溝通。
⒀唯一不足之處是活動空間稍有不足，上下午須共用一個場地，不過已做好妥善安排。利用最小空間，做最有效的利用，亦是本班一大長處。
⒁班上普通幼兒與特殊幼兒都能共同學習，彼此沒有先天的隔閡與限制，無論是普通或特殊幼兒，都能得到同等對待，沒有差別待遇。
⒂普通幼兒和特殊幼兒可以一起學習，不見得會排斥、歧視。
⒃課程設計方面，要設計得適合普通幼兒又配合特殊幼兒，是一件困難度非常高且必須做到的工作。
⒄要使這樣的班級教學成功又溫馨感人，是非常不容易的。
⒅普通幼兒是可以和特殊孩子一同學習的，互不受影響，即使是中重度或多重障礙的特殊幼兒都可以和普通孩子一起學習。

七、竹師實小學前融合班與最少限制的環境

在一九七○年代，興起教育殘障兒童與普通兒童一起受教育，共處一個環境的運動，這個運動叫做回歸主流（mainstreaming），那就是提供兒童最少限制的環境（least restrictive environment）的一種作法。所謂最少

限制的環境指的是特殊兒童必須和同齡之普通兒童一起受教育，並在普通兒童就讀的環境中就讀，同時在不須離開自己親人的鄰近環境中就讀。

透過回歸主流，特殊兒童將儘可能和普通兒童接觸，反之，特殊兒童若長期生活在特殊或隔離的環境中，非但失去正常的社會經驗，也將減損其應有的適應能力。因而特殊教育必須考慮到特殊兒童將來適應其正常社會的問題，儘量縮短隔離保護期間，儘量增加與普通兒童接觸的機會，所以回歸主流意味著特殊兒童：⑴將被安置與其同齡之普通同儕相處；⑵將在普通班級內接受特殊服務（非在特殊班級）；⑶在最少限制的環境中儘可能使其與普通正常同儕產生互動。如能符合上述三個條件方能稱之爲回歸主流，並達到社會統合（social integration）的目的。

根據美國特殊教育學者鄧諾（Deno,1970）所提之特殊教育服務階梯系統（見下圖），則指出有七種類型的特殊教育安置方式：

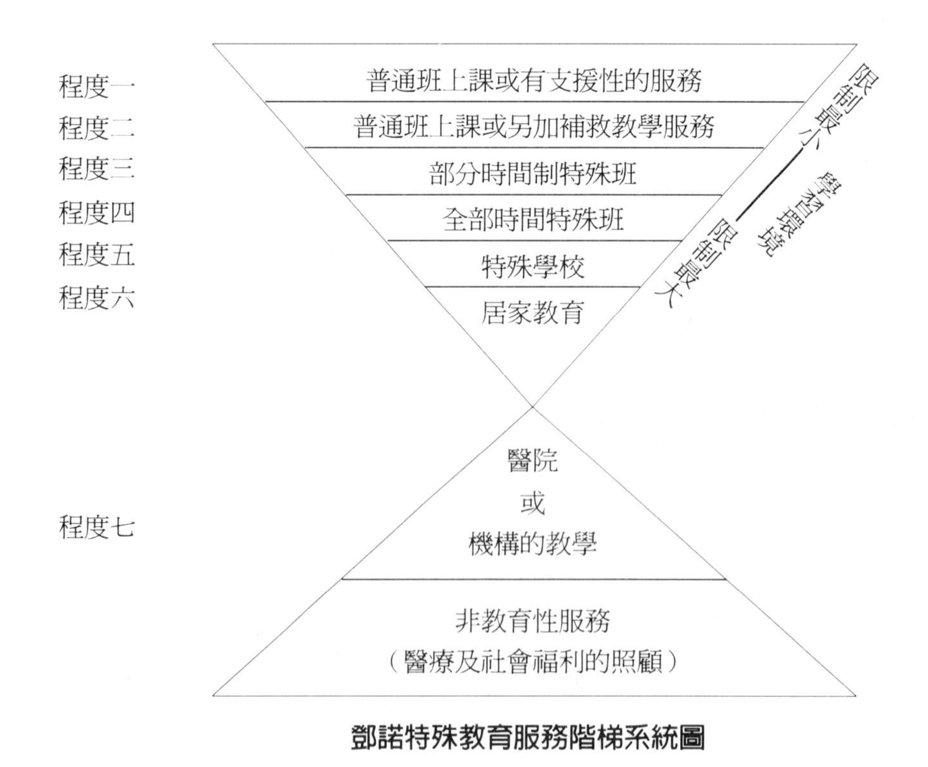

鄧諾特殊教育服務階梯系統圖

從上圖可了解何謂最少限制的環境，而且可發現大多數的特殊兒童安置在普通學校中，只有少數安置在完全隔離的環境中受教育。即使全部時間在特殊班者，亦有某些課程和普通同齡兒童一起上。

最近在美國興起另一項運動稱之爲普通教育改革（Regular Education Initiative，簡稱 REI），宗旨爲儘量將輕度、中度的特殊兒童放入普通班級，直接在普通班級中提供特殊教育服務（Olson & Platt, 1992），並減少抽出（pull-out）教室的措施，連以前須安排在資源教室者都儘量放在普通班級中教育。

再者根據Eichinger & Woltman（1993）提出的完全融合模式（Full Inclusion Model）中亦指出，重度殘障者（severe disabilities）應顧及其和普通孩子一起教育的需要，他們需要在有同年齡的普通兒童的普通班級中受教育。那些將這群兒童隔離的人應儘量將這些兒童放回普通班級，並在普通班級中提供所需的服務，而不是把他們放在自給自足式的特殊班級或特殊學校中就讀。

Wang（1987）發展的適性學習環境模式（Adaptive Learning Environment Model，簡稱ALEM）亦成功的使輕中度殘障兒童（包括學習障礙、視障及情緒障礙）及資優兒童均不須抽出（pull out）到資源教室，就可在普通班級上課，並在普通教室中接受特殊教育服務。普通兒童及特殊兒童間學習上的差異被視爲是一正常的現象，特殊兒童所需的特殊服務並未被視爲特殊待遇。

目前國內所作的回歸主流僅將輕度兒童和特殊兒童放在一起，並未在普通班級內提供特殊教育服務。例如只讓特殊兒童在下午時到普通班上課，並未提供任何服務，亦未有系統的安排普通兒童與特殊兒童互動。雖設有資源教室，僅限於低成就兒童。目前國內的安置模式無法像上圖所列的這麼有彈性且符合最少限制的要求。

民國七十八年至今在新竹師院設立之學前融合班係採美國學前融合教育模式。目前共有五十四名學前幼兒就讀。其中特殊幼兒二十六名、普通幼兒二十八名，分早上班及下午班兩種模式，早上班普通幼兒與特殊幼兒以二比一之比例混合，特殊幼兒再依其需要安排抽出（pull-out），因而有點類似資源班之服務。下午班之特殊幼兒每日亦安排部分時間與全日班之普通幼兒互動，並在星期三、六的早上和早上班一起上課。因而所有目前就讀於竹師實小學前融合班之特殊幼兒，不論其殘障程度輕重，均享有與普通同儕互動之機會。在此班就讀之特殊幼兒涵蓋了輕、中、重及多重障礙之各類特殊幼兒，除了普通幼兒外，亦有資優幼兒就讀其中。

經過幾年的實驗證明，採融合教育取向的課程模式均有助於普通孩子及特殊幼兒的學習（吳淑美，民 81）。此點結論和國外學前融合教育之結論相同。

在竹師實小學前融合班中，只要幼兒適應情況不錯，都可由下午較多限制的班轉入早上融合班中，二者的界線並不明顯。值得注意的是，目前用這種方法設置的模式並非能以一般的自給自足式特殊班或資源班視之，而是完全將其安置在普通班。再依其障礙程度分成上午及下午兩種班別，早上的特殊幼兒並安排個別輔導。無論是上午或下午班都安排普通幼兒與特殊幼兒互動。如此的安置方式，應是符合最少限制環境的要求。

八、竹師實小學前融合班問答篇

在此將參觀融合班者常問的問題整理如下：

㈠問：學前融合班的創班由來及現況？

答：民國七十八年由吳博士淑美的一個研究計畫而設立，當時只收十六位孩子（普通與特殊的比率爲二比一），有 2.5 個老師。至民國八十一年納入附小編制（人事行政歸屬竹師實小，課程、教學仍由吳教授指導），有六位老師及一位生活輔導員，而目前學前融合班共有五十四位小朋友，上午班兩班，一班二十一人（普通幼兒與特殊幼兒人數爲二比一），下午班一班十二人（另全日班十二名）。

㈡問：國外（如香港）特教班的設置大都由私人機構成立，政府做一些補助，台灣現況如何？而融合班狀況又如何？

答：台灣有公立特殊學校、特殊班及私人（如財團法人）所辦的特教機構，而融合教育班（符合融合教育指標者）目前只有竹師實小學前融合班。

㈢問：香港正統特教老師嚴重不足，請問融合班如何解決？

答：台灣特教教師亦不足，然目前各師院已設有特教系，而現職特教教師可在各師院所辦的特教學分班中補修特教學分而取得正式特教教師身份。

㈣問：學前融合班中的普通幼兒或家長是否會排斥特殊幼兒？

答：本班入學前有做簡單的篩選，亦即製造情境讓普通幼兒和特殊幼兒共處一室遊戲，不排斥或害怕普通幼兒的再列入考慮，而家長亦做問卷及面對面的溝通，能接受此理念的才能列入考慮。

㈤問：入學爲什麼要篩選？是否以考試成績高低錄取？

答：創班之初曾經未做篩選，結果發現一些特殊幼兒以普通幼兒名額進來，結果整個班的普通、特殊幼兒比例失調，造成老師班級管理上的困擾及教學品質的低落，故篩選情非得已。而錄取與否，我們分孩子表現（簡單測驗）、家長問卷及家長晤談三方面取一標準値而定（可參考本班招生簡章）。

㈥問：班上有普通、特殊幼兒該如何進行教學？

答：儘量採多層次教學，亦即教學目標向下延伸或向上伸展，對能力較差的孩子只要求完成較簡單的目標（例如完成一個活動最前面或最後面幾個步驟即可），對能力好的孩子則在一般課程安排外，多加些創造思考的目標進去，當然，教師事前充分的準備，才容易達到此多層次教學的宗旨目標。

㈦問：普通幼兒及特殊幼兒互動情形如何？

答：一般在開學之初，教師會請孩子自我介紹，當普通幼兒發現特殊幼兒與他們不同時，再與之討論或告之特殊幼兒的特徵狀況及如何協助他們（大部分稱特殊幼兒爲生病的孩子或需要幫助的孩子），無論是普通或特殊幼兒，教師大都是以鼓勵及示範方式來引發普通及特殊幼兒間的互動，結果，正向互動比率大過負向互動比率。

㈧問：學前特教老師的工作中覺得最困難的是什麼？

答：*1.* 教案設計困難及幼兒突發狀況造成教學中斷。

2. 與特殊幼兒之家長的溝通是一門大學問，有時教師的好意會被誤解或是教師忽略家長的苦而造成一些溝通不良，但只要誠心，彼此還是可以達到共識的。

(九)問：小組與角落有何差別？

答：小組分成十三大領域，每天各有不同主題，有主、副目標，多以老師爲主導。角落則是老師提供材料讓孩子去選擇。

(十)問：普通及特殊幼兒，如何在角落及小組中學習？

答：角落——以隨機教學的方式，由幼兒選擇材料並順勢輔助他。

小組——採多層次教學，給予特殊幼兒較簡單的內容。

(土)問：回歸主流與融合教育的區別？

答：回歸主流——指的是普通幼兒與特殊幼兒分開學習，只有某些課才將特殊幼兒移入普通班，與普通幼兒一起學習，隨班上課課程並未調整。

融合教育——指的是普通幼兒與特殊幼兒不論學習、遊戲皆在同一間教室一起學習，課程須調整。

目前竹師實小融合班不只做到融合，還讓中、重度及多重障礙幼兒融入普通班，甚至符合完全融合（Full inclusion）的標準。

肆

理念與信念

教學最難的部分是如何將教育的理念貫徹，特殊教育重人本，講求個別化教學及因材施教，光知道理念並不夠，還要將理念透過教學傳遞出來。特殊教育是一極具專業的學門，在談訓練特教師資時，首重教材教法，卻常忽略了理念與信念的部分，甚至認爲愛心、信心、耐心就足以擔任特教班教師。事實上特殊教育包含的類別廣泛，從身心障礙到資賦優異，各種類別又有輕、中重度之分，在資源不甚充分時，究竟應秉持何種理念與信念來從事特殊教育，以維持特教的品質尤其重要。

一、理念與信念影響的層面

要了解從事特殊教育者的理念及信念可從教學相關的變項中得知，因爲一個人對教學的理念及信念會反映在和教學相關的變項中，這些變項包括環境的安排、教學的安排、對父母的態度、教師應扮演的角色及對一些新的教育趨勢的看法，這些變項包括：

1. 作息的安排：個別的時間、大團體時間、小組的時間及自由遊戲時間的安排所佔的比率，將和個人理念有關。
2. 教室的布置：例如角落的設置與否，角落時間幼兒可自由選擇或指定角落，必須固定待在角落一段時間，還是可在角落間自由移動都和理念有關。
3. 活動的數目及種類：活動的難易度、活動的類別（如大動作、語言、社會）、活動多少及長短都和理念有關。
4. 老師及孩子主導的時間，及彼此間如何達到平衡。

5. 如何面對父母或是如何看待父母所扮演的角色：例如教師對家長參與秉持的態度。
6. 老師扮演的角色：老師扮演的角色常會和個人秉持的理念有關，一般而言，教師應扮演：
   ⑴催化者的角色，以使每個孩子覺得他或她能學習。
   ⑵引起互動的角色，互動才能產生學習，尤其在學前特教這個領域。
7. 強調教學重過程抑或技巧的傳遞，例如只重視最後的結果，忽略如何獲得結果的過程還是重視學習的過程。
8. 對普通幼兒及特殊幼兒應該融合（inclusion）還是分離（segregation），及那些特殊幼兒應融入，都和個人對殘障及異質性團體看法有關。

二、學前特殊教育理念

融合班亦是學前特殊教育的一種安置方式，學前特殊教育理念能否落實亦是影響融合班教學成效之一環，因而值得遵循。

學前特殊教育理念可分爲下列三方面：

㈠課程方面

1. 以功能性課程爲主：強調與幼兒生活經驗的結合。
2. 採統整性教學，並重視自然的教學，教學須配合情境。
3. 根據評量訂定課程計畫及調整教學內容。

4. 強調個別化教學，結合治療與教學。

㈡與家庭的關係

1. 以家庭爲主，強調家庭對孩子的重要。
2. 提供家庭支持。
3. 教師與父母是擬定課程計畫及做決定的夥伴，並與專業人員組成團隊。

㈢理念

1. 強調異質性團體，強調同儕的重要。
2. 教學根據學生需要而設計，而不是老師決定教什麼，學生才學什麼。
3. 尊重個別差異：個別差異被視爲常態。
4. 以孩子及家庭爲中心。
5. 重視教育的過程及自然的學習。
6. 重視教學經驗的統整。

三、學前特殊教育理念測試

爲了了解辦理學前特殊教育班者秉持之信念和理念，及辦學的方向，下列五題選擇題將提供理念的測試，每題雖無標準答案，但選取某個答案者較符合上節所提之理念：

1 學校的教育內容和目標是：

⑴由工作人員和家長組成的小組來決定。

⑵由負責人或資深教師，依據他們的知識、經驗來決定孩子的需要。

⑶由負責人或資深教師，依據他們對學校經營的知識來決定。

⑷由負責人或資深教師，依據他們的知識、經驗來決定孩子的需要，但要求父母協助以達到目標。

2 設立學校的主要目的是：

⑴訓練孩子發揮最大潛能，並希望家庭能幫你訓練孩子。

⑵和家庭合作，爲孩子提供最有意義的教育。

⑶成立一個運作順利的教育中心。

⑷訓練孩子發揮潛能。

3 你的學校對個別化的做法：

⑴幫助孩子適應學校。

⑵爲孩子做測驗、訪問家長，來決定孩子的發展程度，並決定可以爲家庭做什麼。

⑶評量孩子的發展程度、家庭的資源、學校的資源，和家長一起訂定目標。

⑷評量孩子的發展階段，做爲發展適當目標的基礎。

4 爲了提供最好的服務，學校：

⑴設定的政策是以孩子利益爲主。

⑵設定的政策是以孩子利益爲主，但也爲家長所接受。

⑶設定中心政策，徹底執行。

⑷和家長一起設定中心政策。

5 評估學校的方法是：

⑴是否成功達到父母和教師設定的目標。

⑵運作是否順利。

⑶評估學校對孩子的影響。

⑷評估學校對孩子的影響及爲家長所做的服務。

摘自：Texas Early Childhood Intervention Program

四、融合教育理念

融合（inclusion）指的是將殘障的兒童和普通同儕放在同一間教室一起學習的方式，它源於一九七五年的美國公法 P.L.94-142（殘障兒童教育法），強調提供特殊兒童一正常化的教育環境而非隔離的環境，尤其自一九九○年開始美國更大力推行融合教育，使特殊教育及普通教育合併爲一個系統。融合具備的特質、指標、優點及實施的時機如下：

㈠融合的特質

1.和同年齡的同儕一起學習。

2.和同儕一起升級。

3.沒有特殊班，只有所有學生共用的特殊教室。

4.殘障類別及程度不列入考慮。

5.普通及特教教師一起合作，確保：

⑴特殊兒童自然的參與，並成爲班上的一份子。

⑵個別化教育方案（IEP）的執行，班上的課程能將個別化教育方案的目標融入。

⑶將主要課程或材料改編，以增進兒童的參與與學習。

6. 提供兒童間合作學習、活動本位教學、全語言等教學策略。

7. 尊重差異，每個人都是特別的，尊重其貢獻及能力。

8. 每個人不需做同樣的事。

9. 每個人的興趣都須顧及。

10. 尊重每個人，視每個人都是平等的。

㈡融合的指標

至於如何才能稱爲融合，須符合下列指標：

1. 每個孩子屬於班上（不可因其殘障分到特別一組而使其與其他同儕隔離）的一份子。
2. 提供特殊兒童個別化教育方案。
3. 尊重每個兒童。
4. 普通及特殊班教師充分合作。
5. 充分的行政資源。
6. 兒童完全的參與。
7. 父母參與。
8. 給特殊兒童完整的課程，且儘可能改編課程內容，以使其能和班上普通兒童分享。
9. 提供合適的評量方式，不因其能力而減少學習的機會。

因而在學前融合班中，幼兒能選擇多重感官的教材及活動。老師是主動的觀察者，幫幼兒計畫當天要從事的活動。教學涵蓋具體到抽象，從簡單到複雜，及從現在到未來等學習經驗，老師協助幼兒延伸其學習經驗，並經由開放式的問題來引發幼兒思考。在每天的作息中亦主動安排很多互動的機會，總之幼兒有機會從錯誤中學習及隨時調整自己的想法，以解決問題。

㈢融合的好處

可從二個方面來看：

1. 態度：

隔離易使一般人對特殊兒童的看法因不了解而傾向負面，透過融合，對特殊兒童的看法較易趨向正向的態度，同時在教育資源的運用上，融合較能有效的結合普通班及特殊班的資源。

2. 心理／教育層面：

融合的環境中，普通同儕可作爲特殊兒童模仿的對象，特殊兒童也能在一較具挑戰性的環境中學習如何與同儕互動。當融合式班級有系統安排引導普通及特殊同儕互動的活動時，特殊兒童及普通兒童間的互動較易產生且可趨向正面，亦發揮融合的效果。

㈣融合實施的時機

一般而言，學前階段是最佳融合的時機，理由如下：

1. 學前階段是所有幼兒尚在發展技巧的階段，幼兒間的個別差異大多是被允許的，且較易將特殊幼兒的學習目標融入課程中。
2. 學前階段的學習強調過程勝過成果，且學前階段沒有進度及考試的壓力，教師亦不需忙著批改作業，可將時間放在設計教學活動，以引導幼兒操作及互動。

因而在學前階段是一個鼓勵幼兒自由發展的時機，可讓幼兒欣賞彼此間的差異，並建立自然的友誼，當幼兒發現彼此間的不同時，教師亦可趁機教導如何去對待和自己不同的人，並讓幼兒藉此調整想法去接納不同的人。

㈤融合班中幼兒學習能力之檢核

融合是否成功可從參與融合班的特殊幼兒的學習中看出端倪，我們可在教學領域上，如社會性、認知、語言、動作、生活自理等領域上看到融合是否發揮其效果，以下是特殊幼兒參與融合班的學習檢核表，分數愈高者表示在融合班適應得愈好。

學前融合班特殊幼兒學習檢核表

評量等級：經常如此→2　很少如此→1　從不如此→0　無法得知→NA

領　域	項　　目	評量				備註
		NA	0	1	2	
一、學習態度方面	1. 給予機會時，能選擇材料或玩的物品。					
	2. 會主動參與學校活動，不會跑開。					
	3. 能按照既定作息活動。					
	4. 能將玩具收拾歸位（或在要求時）。					
	5. 能表達自己的需求。					
	6. 參與活動時能專心一段時間（至少 10 分鐘）。					
	7. 喜歡到校上課，不常請假。					
二、社會情緒方面	1. 被激怒或受挫折時，不隨意發脾氣。					
	2. 能不隨意侵犯或干擾別人。					
	3. 願能與同儕互動（普通或特殊）。					
	4. 參與活動時能等待及輪流。					
	5. 能參與小組或團體活動。					
三、生活自理方面	1. 午餐及點心時，能自己進食，並將食物吃完。					
	2. 能嘗試並接受多種食物。					
	3. 能自己穿脫鞋襪與衣服。					
	4. 如廁時，很少有意外發生。					
	5. 能自己喝水及飲料。					
四、認知學習方面	1. 能對認知相關的活動感興趣。					
	2. 能對數、顏色、形狀、大小有概念。					
	3. 能功能性的操作玩具。					
	4. 能將玩具堆成建構。					
	5. 能兩樣玩具一起玩。					
	6. 能做扮演。					

領　域	項　　　　目	評　量				備註
		NA	0	1	2	
五、動作方面	1.能隨時注意安全。					
	2.會正確使用遊樂器材。					
	3.會跟隨音樂動作。					
	4.手眼協調良好。					
六、語言／溝通方面	1.看到老師／同學會問好。					
	2.能理解教室內老師及同學說的內容。					
	3.會用語言表達。					
	4.認識學校及教室常見的物品名稱與功能。					
	5.能遵守指令。					

㈥融合教育理念測試

由於大多數人對融合班不了解，每個幼兒在進入融合班前都須經過面談或是事先請他們參觀融合班，了解後才進入融合班就讀。特殊幼兒的父母必須讓他們了解特殊幼兒在融合班中是少數，班上其他普通幼兒可能會因好奇而說出或做出一些嘲笑特殊幼兒的行爲，而普通幼兒父母亦須了解普通幼兒和特殊幼兒一起學習時可能遭遇的狀況，因此無論是普通幼兒或特殊幼兒都須經過理念的測驗，以下是竹師實小學前融合班在招生時要求幼兒父母塡寫的調查表及問卷：

1. 學前融合班意見調查表（吳淑美編製）

學前融合班意見調查表

> 親愛的家長：
>
> 本調查表的目的，在於想了解各位對於孩子教養、教育理念的想法，敬請您根據自己的意見及看法，誠實地回答調查表上的每個問題，各項答案無所謂對或錯，僅供本班參考用。（若有複選時，請在□寫上順序，如 *1.* 、 *2.*……）

1. 請問您爲何選擇本班？

□離家近　□公立的學費便宜　□喜歡這裏的教學及理念

□其他＿＿＿＿＿

2. 您選擇幼稚園的標準爲何？

□師資　□設備　□收費　□交通　□提供才藝教學　□教學理念

□其他＿＿＿＿＿

3. 您的孩子平時休閒活動是什麼？

□看電視　□打電動　□看書　□戶外活動　□參加才藝班

□其他＿＿＿＿＿

4. 平時您較常讓孩子參加哪一類的才藝活動？

□心算　□美勞　□音樂　□體能　□其他＿＿＿＿＿

5. 請問您對「孩子不要輸在起跑點上」這句話有何看法？

□同意　□不同意　□沒有特別的感覺　□其他＿＿＿＿＿

6. 「融合教育」這四個字給您的想法是：

□普通和特殊孩子一起學習　□回歸大自然　□跟著社會流行之教學模

式 □其他＿＿＿＿＿

7. 平時您如何管教孩子？

□愛的教育 □鐵的紀律 □賞罰分明 □打罵教育 □其他＿＿＿＿

8. 您認爲老師應扮演何種角色？

□褓姆 □教學、解惑 □提供諮詢 □孩子的大玩偶

□其他＿＿＿＿＿

9. 在教學上您認爲學前階段什麼是最重要的？

□認知 □生活教育及社會學習 □才藝 □其他＿＿＿＿＿

10. 您對本班教學的期許是什麼？

□只要孩子快樂即可 □教寫字 □教注音符號 □各項才藝

□聽、說、讀、寫 □國小先修班 □遊戲中學習 □其他

11. 您希望本班應以何種方式輔導您的孩子？

□民主 □權威 □恩威並施 □體罰 □放任 □其他＿＿＿＿＿

12. 本班無交通車，孩子須由家長親自接送，您的孩子將由

□父母接送 □祖父母接送 □其他親人接送

13. 本班每天作息由上午 8:00 開始，至中午 12:00 以前接回，在校午餐者於 12:30 之前接走，下午特殊班 2:00 開始，全日班在下午 4:30 之前接回，這樣的作息能否符合您的需求？

□是 □否 □其他＿＿＿＿＿

14. 當您的孩子在此就讀，若臨時有事無法準時接回，您將：

□打電話請老師看著 □請其他人幫忙接回 □無所謂 □其他

15. 本班的一大特色是由家長輪流準備點心，您

□配合學校準備，一學期＿次 □因事恐無法準備 □其他＿＿＿＿

16. 您覺得在融合教育的環境中，對普通及特殊孩子管教的尺度應：

□對特殊孩子鬆些　□二者一樣　□對普通孩子嚴些　□其他

17.本班不受理臨時托兒，請問您認爲這項措施：

□合理　□希望網開一面　□其他＿＿＿＿＿

18.當本班需教學資源時，您會：

□不理會　□配合課程提供　□其他

19.請問您將如何參與本班教學？

□當教學義工　□提供本人才能　□戶外教學時負責接送（私人轎車）

□參加各項活動　□其他

20.對本班所舉辦的活動（演講、親子活動、父母成長團體……），您認爲應：□儘量抽空參加　□沒必要辦理　□其他

21.這裏有家長會的組織，您希望以何種方式參與？

□捐款　□出力　□當會長　□當幹部　□其他

22.若孩子有問題時，您希望和老師以何種方式溝通：

□電話聯絡　□信函、紙條　□家庭聯絡簿　□直接面談　□其他

23.當孩子沒有進步時，您會如何反應？

□覺得老師教學差　□和老師談　□此地不宜

□可能本人未配合老師教學　□其他

24.當您對學校不滿意時，如何反應？

□把孩子帶走　□反應意見給老師　□其他

25.您平時如何獲得與管教孩子有關的資訊？

□看報章、雜誌　□請教他人　□自己摸索　□其他

26.您常參加哪些活動？＿＿＿＿＿＿

27.您認爲竹師實小附設的這個班，也就是目前爲您的孩子申請就讀的班爲：

□學前啓智班　□學前啓聽班　□普通班　□普通與特殊混合一起的班

28.您認爲您的孩子是：

□普通小朋友 □資賦優異 □身心障礙 □不知道

29.一般人平均的智商爲：

□80 □90 □100 □110

30.所謂智能不足指的是智商低於：

□90 □80 □70 □60 以下

31.這個班設立於民國七十八年，您認爲它能生存的原因爲：

□在師院裏面 □教學有特色 □地點適中 □運氣好

32.您認爲吸引普通小朋友就讀的原因爲：

□地點適中 □學費便宜 □有特殊小朋友 □教學

33.您認爲吸引特殊小朋友就讀的原因爲：

□專業 □地點 □學費便宜 □有普通小朋友

34.在這邊每天都有小組時間，小朋友分成三組，一班有二十一位小朋友、十四位普通幼兒、七位特殊幼兒、有三位老師。請選出應如何分組：

□特殊幼兒分成一組、普通幼兒分成二組 □普通幼兒分成一組、特殊幼兒分成二組 □每組有普通及特殊幼兒

35.在一個有普通及特殊幼兒一起就讀的班級：

□對特殊幼兒而言較有利 □對普通幼兒而言較有利 □對普通及特殊幼兒都有利 □都不利

36.您希望這個班教的內容：

( ) A.寫字①希望②不希望

( ) B.兒童美語①希望②不希望

( ) C.注音符號①希望②不希望

37.爲了怕幼兒進入小學後跟不上，您會：

□在入小學前一年先轉入其他幼稚園 □繼續留在此 □請家教

38.有人認爲在學前階段把普通幼兒和特殊幼兒放在一起還可以，因爲無課業壓力，如果到了小學階段您仍贊成把普通兒童放入這樣模式的小學就讀嗎？

□贊成 □不贊成 爲什麼：＿＿＿＿＿＿＿＿＿＿

39.您認爲把特殊幼兒和普通幼兒放在一起學習，對普通幼兒而言是：

□一種犧牲 □一種成長 □一種積德

40.您認爲普通幼兒在這樣一個環境中可能得到的成長是：

□社會性 □人格 □認知 □以上皆是

2.父母對學前融合的態度問卷

名詞解釋

融合：指特殊幼兒與普通幼兒一起相處和學習的教育環境，不分彼此。

1.我反對在學前階段實施融合的教育方式。

□很同意 □同意 □不同意 □很不同意

2.我反對在國小階段實施融合的教育方式。

□很同意 □同意 □不同意 □很不同意

3.特殊孩子會使班上的進度落後而影響正常孩子的學習。

□很同意 □同意 □不同意 □很不同意

4.爲了要配合特殊孩子的學習能力，全班的教學進度必須放慢。

□很同意 □同意 □不同意 □很不同意

5.老師可能給特殊孩子較多的注意，因此普通孩子會被冷落。

□很同意 □同意 □不同意 □很不同意

6.因爲特殊孩子的需要較多，普通孩子會受到忽略。

□很同意 □同意 □不同意 □很不同意

7.特殊孩子在學業技巧上表現較差，對整個教學進度有所影響。

□很同意 □同意 □不同意 □很不同意

8.特殊孩子需要一對一的教學，所以會影響老師爲普通孩子所準備的教學內容（降低老師的教學品質）。

□很同意 □同意 □不同意 □很不同意

9.特殊孩子的存在會影響其他孩子的進步。

□很同意 □同意 □不同意 □很不同意

10.很多特殊孩子在融合教育的環境中行爲表現仍然很好。

□很同意 □同意 □不同意 □很不同意

11. 在班上如有特殊孩子，秩序將很難維持。

□很同意 □同意 □不同意 □很不同意

12. 特殊孩子如果和普通孩子在同一教室，將出現一些行爲問題。

□很同意 □同意 □不同意 □很不同意

13. 在教室中特殊孩子容易造成混亂的情況。

□很同意 □同意 □不同意 □很不同意

14. 你認爲融合教育最大優缺點是什麼？（請各舉出兩點）

優點：1. ______________________________

2. ______________________________

缺點：1. ______________________________

2. ______________________________

伍

學前特教師資之培育

學前特教教師究竟應具備什麼樣的資格才能勝任學前特教班的工作？首先，我們須了解教師工作的內容，才能知道其應具備之技巧及資格。

一、學前特教教師的工作性質

一般而言，學前特教教師的工作性質爲教導異質性高的團體中的幼兒。所謂異質性高指的是：

㈠教導不同種類的特殊幼兒。

㈡教導不同障礙程度、不同能力的特殊幼兒。

㈢設計課程必須涵蓋不同的面、領域及使用不同的技巧；又，融合班的教師尚須教導普通幼兒，其工作性質更爲繁複。

二、學前特教教師的工作項目

其工作項目大約可分爲下列幾項：

㈠提供教學。

㈡提供玩具及材料。

㈢安排環境。

㈣直接教學或引導教學。

㈤示範技巧。

㈥強化、忽略，及制止某些行為。

㈦提供適當的教學：知道孩子應學習些什麼、何時學習，及學習的方法。

㈧做出正確的教學決定：因為教學是一個複雜的決定。

㈨視需要調整教學：

針對上述所列之工作項目，配合學前融合班教學的情境，擬定下列的工作項目檢核表，讓教師了解學前融合班工作的內容，以調整教學的態度，好做一個稱職的學前融合班教師。

學前融合班教師工作項目檢核表

項　　　目	老　師　姓　名			
1.在小組結束時清理桌面。				
2.準備點心（把點心放在桌上）。				
3.在角落時間支持及延伸孩子的計畫。				
4.和其他老師交換教學心得。				
5.和孩子一起吃點心。				
6.在孩子到達之前把教室準備好（如把桌椅排好、把材料填滿、計畫時間準備好材料）。				
7.在離開前關好門窗及電源。				
8.填寫所需物品，以便請購。				
9.準備一學期一次的教學座談會。				
10.記錄孩子是否叫得出其他人的名字。				
11.注意孩子的進步。				
12.爲孩子講故事。				
13.整理教室，爲物品標上名字。				
14.洗髒的用品（如碗、教具）。				
15.爲特殊孩子設定目標。				
16.介紹新小孩，協助其適應。				
17.隨時支援其他老師。				
18.幫助孩子在對話中使用更多字彙。				
19.設計及安排當天活動。				
20.寫下活動計畫及評量方法。				
21.在父母接送孩子時，和父母交談。				
22.帶孩子在校園散步。				
23.帶孩子上廁所。				
24.決定教室管理規則及對孩子的限制。				
25.計畫及實行小組時間。				
26.清潔環境。				
27.自製教具。				
28.教具教材之保存及分類。				
29.教案之整理。				
30.影印資料。				
31.填寫教師日誌，出席表。				

從上表可看出學前融合班教師工作內容已反映出上述的工作性質，如環境準備、教學及行為的管理。

三、學前特教教師之必備技巧

對學前特教班而言，它和一般幼稚園最大的不同是它必須具有提供特殊幼兒及其家庭所需的服務。特殊幼兒可能並未具備其他幼兒已具有的技巧，因此擬定個別化教育計畫、了解家庭的需求、計畫學習未來的安置與銜接，安排連續的評量以掌握幼兒的進步都是教師必須學習的。此外教師必須協助特殊幼兒主動學習及參與，提供給特殊幼兒的服務必須以家庭為中心，讓家庭扮演更重要的角色。

教師除了提供發展性的課程外，更須不斷的評估孩子的進步，以了解所用的技巧是否有效。比起一般幼教老師，學前特教教師在教學上的付出更多，因此須具備更多的技巧，以因應繁複的教學工作。

一般而言，學前特教教師須具備下列技巧：

㈠評量孩子的起點、長處及短處。

㈡計畫及實施合乎發展的教學或介入。

㈢評估教學、調整教學。

㈣提供父母支持及服務。

㈤擬定教案及執行教學。

教學須採下列方式：

1. 採活動本位教學，以節省教學所需的時間，並和作息結合在自然的

情境下教學。

2. 採多層次教學，同一時間空間兼顧不同程度孩子的需求，以達因材施教，個別化教學之目的。

㈥能替孩子及其家庭爭取福利。

㈦統整小組成員的意見：

小組成員包含教師及治療師。

㈧能和其他教師合作：

合作包括教學計畫的擬定上、彼此的尊重及成果分享三方面。

1. 教學計畫上的擬定：

計畫擬定的過程需要學前特殊教育教師及幼稚教育教師共同參與及合作。在分工上，每位學前班教師都應爲每位幼兒提供學習的經驗。而特殊教育教師應知道如何爲特殊幼兒設計個別化教育方案，各司其職，並分工合作。

2. 尊重每個人的專業：

不論是學前班教師或是特殊教育教師都有其專業能力，因而給予尊重進而合作無間是非常重要的。

3. 分享資源及成果：

教師間除了在教學時充分合作及給予尊重外，無論是在行政資源或是教學資源上都應分享，互通有無，在成果上更應共同分享。

四、增進教師間合作的策略

爲了增進教師間的合作，學校可安排下列活動，以確保教師間的合作，活動方式如下：

1. 每天安排一段時間供教師討論當天所發生的事情及交換意見。
2. 每週安排一次課程討論，討論課程進行時所發生的問題及個案研討。
3. 在開學時，討論班級經營的理念，以建立彼此的默契，例如討論當教學計畫無法執行時，其應變的方式（如增加人力）及過渡時間應如何安排（如先吃完點心的小朋友可以先到角落去玩玩具，或是在大團體開始前先去圖書角看書）。此外，教師應隨時注意在每一段作息結束前五分鐘提醒幼兒，例如在角落結束前五分鐘，用鈴聲來提醒幼兒準備收拾玩具。

五、學前特教教師必需之學分

成爲學前特教教師所需之學分如下：（參考美國密蘇里大學特教系所開之學前特教課程）

㈠教育基礎課程。

㈡學前特殊教育基礎課程。

課程包括：

1. 學前特殊教育之歷史
2. 兒童發展（0～5 歲）
3. 不正常兒童的發展（0～5 歲）
4. 特殊教育概論
5. 學前特殊教育教材教法，再細分為下列幾種科目：
   ⑴特殊幼兒之家庭
   ⑵特殊幼兒之評量
   ⑶課程與教學（0～2 歲）
   ⑷課程與教學（3～5 歲）
   ⑸醫療及健康管理
   ⑹環境及行為管理
   ⑺如何與其他專業領域及機構之專家合作
   ⑻早期介入環境的安排

六、竹師實小學前融合班教師整學期工作項目

綜合上述幾節之工作性質及內容，竹師實小學前融合班教師整學期工作之進度如下，並分為教學及行政兩個部分。

㈠**教學工作**（見下頁表）

竹師實小學前融合班教學工作一覽表

項目	工作項目	預定日期	負責人 （召集人）	備註
一	期初教學會議 1.確定各項教學表格 (1)一週課程計畫表 (2)一學期各單元計畫表 (3)出缺席紀錄 (4)家長接送記錄簿 (5)聯絡簿 (6)小組評量及學習表 (7)IEP表格（含個案基本資料） (8)下午班課程表 (9)個輔教學記錄表 (10)問題行爲記錄表 (11)意外事件處理表 (12)教室日誌 (13)小組教學計畫總表 (14)整學期聯絡教學計畫表 2.教師教學輪值表編排（個輔、下午班、大班、小班） 3.教師默契的建立（布置、常規、安全……） 4.教師角落負責分配			
二	擬定各組課程計畫表 1.上午班一學期單元主題計畫表 2.下午班一學期單元主題計畫表 3.上午班一週課程計畫表 4.下午班一週課程計畫表 5.上午班小組教學各主要學習經驗訂定 6.下午班各組教學目標訂定 7.期末評量			
三	特殊幼兒個別化教學計畫（IEP）之擬訂 1.新生能力評估 2.各類測驗評估 （起點行爲的評估） 3.擬訂IEP			

項目	工作項目	預定日期	負責人（召集人）	備註
	4. IEP 修定 5. IEP 會議			
四	學生學習的掌握			
五	新教師在職訓練之安排 1.借閱教學檔案 2.借閱本班書籍 3.參與每週課程討論 4.參加定期舉辦之演講			
六	教室空間的布置與規畫 1.教室清潔打掃 2.角落規畫 3.角落規則擬訂 4.教室布置（出缺席表、生日圖表、天氣圖） 5.教具使用與陳列 6.佈告欄規畫 7.教室整潔與維護			

(二)行政工作

竹師實小學前融合班行政工作一覽表

項目	工作項目	預定日期	負責人（召集人）	備註
一	期初行政會議 1.訂定行事曆 2.教師值日輪值表編排 3.教師清潔區域安排 4.檔案整理分配 5.教師行政工作分配 (1)總務組 點心及經費管理 午餐及物品購買 (2)活動組 才藝班 其他活動安排 活動費申請 (3)教學組 教學材料費申請 佈告欄（海報） 通知撰寫義工召募安排 6.教師教具分配與管理 7.學生資料的建立與管理			
二	學生註冊與入學 1.聯絡欲就讀孩子入學 2.印註冊通知單（寄發） 3.印註冊收費單 (1)學雜費 (2)午餐費、點心費 (3)保險費 4.聯絡午餐			
三	準備開學 1.教具借閱 2.教室打掃 3.場地的維修			
四	學生基本資料之建立 1.學生醫療記錄 2.學生基本資料（緊急聯絡網、特殊情形）			

項目	工作項目	預定日期	負責人（召集人）	備註
	3.學生起點的建立			
五	義工之召募與訓練			
	1.義工媽媽召募			
	2.學生義工召募			
	3.義工訓練計畫			
	4.排定義工時間表			
	5.印義工簽到簿			
六	學生健康檢查及安排			
	1.量身高、體重			
	2.安排牙醫及健康檢查			
七	學生運動會			
	1.園遊會			
	2.運動會			
八	期中評量			
九	聖誕晚會			
十	辦理教學座談會			
	1.發通知單（日期、流程、地點）			
	2.教師職責分配（準備課程及場地安排）			
	3.照相			
	4.記錄			
十一	畢業生及離校生追蹤、輔導			
	1.電訪及記錄			
	2.返校			
十二	各類檔案整理			
	1.教學檔案			
	2.行政檔案			
十三	協助學生旅遊			
	1.收費			
	2.安排交通工具及旅遊地點			
十四	安排畢業生參觀國小事宜			
	1.聯絡參觀學校			
	2.安排接送車輛			
十五	安排各項畢業事宜			
	1.安排畢業照			
	2.準備畢業、結業禮物			
	3.確定領獎名單			
	4.安排教師職責			

㈢教師教學工作分工

學前融合班每班三個老師，爲了確保教學品質，每位老師將依其專長職司各項教學型態中（如角落、小組、大團體）某種領域或某些活動，以期達到分工合作之效，以下是學前融合班中各種教學工作的分工：

1. 特殊教室管理

特殊教室管理分工表　　期間：______

區　　域	負責老師
中廊（户外場）	
感統教室	
生活自理區	
資源教室	

＊工作內容：負責場地之管理及布置

2.角落分工

角落教學負責老師（大班、小班）　　期間：______

角落名稱	負責老師	
	大　班	小　班
語言角		
認知角		
日常生活角		
精細角		
義工媽媽角		
科學角		
電腦角		

*工作內容：負責1.角落之布置　2.執行角落教學　3.角落規則之訂立

3.小組教學課程準備分工

小組教學（領域）負責老師　　期間：______

領　域	負責老師	
	大　班	小　班
認知		
語言		
數		
精細		
科學		

*工作內容：負責各領域小組教學內容之訂定

4.大團體教學課程準備分工

大團體教學活動負責老師　　期間：______

大團體活動	負責老師	
	大　班	小　班
講故事		
單元學習		
兒　　歌		
律　　動		
社會學習		
分　　享		

＊負責老師須依據分配到的活動準備整學期課程

親職教育

一、父母成長團體

對特殊幼兒家長而言，教導子女增進其發展能力，成爲有效的教學者，一方面配合學校的教學，另一方面亦可利用幼兒在家的時間執行學校不足的教學，這是一項責任，亦是一種趨勢。爲了實踐家庭爲中心之教學，竹師實小融合班嘗試組成父母成長團體，每週見面一次，主要的目的是希望增進父母教導孩子的技巧，因爲父母是孩子最主要的教學者。這個團體由筆者帶領，先由語言技巧訓練開始。其特色如下：

㈠內容

包括：

1. 語言訓練的技巧。
2. 語言課程計畫。
3. 行爲矯治訓練。
4. 非正式的語言訓練。

㈡專家扮演的角色

扮演父母資源或諮商的角色。

㈢如何開始

由一兩位熱心的父母開始，通常從唐氏症孩子開始，因其已具備語言理解，有溝通的意願，但缺乏表達性語言。

㈣參加對象的條件

1. 父母對孩子須有正面的態度。

2.父母必須對教導孩子語言技巧有興趣。

3.父母必須對孩子有合理的期望。

4.家中環境適合每天十五分鐘的教學。

5.父母有問題時能到學校接受諮詢。

㈤模式

1.個別輔導：以父母及孩子爲主，有時加入指導者（每天十五分鐘，一星期四十五分鐘，共十週）。

2.原則：

——準備一個箱子，上面放孩子熟悉的東西及一些孩子不熟悉的東西。

——教「動詞」最好在從事動作（如跑、跳）活動時。

——每天教學五分鐘，一星期二至三次就可產生一些效果。

——吃點心時是教食物名稱的最好時機。

——走路時可教孩子在戶外看到的東西。

——通常可以根據單元來教語言（例如衣服、家人、社區幫助者）。

㈥時間的安排

1.第一週：

⑴評量孩子的起點。

⑵介紹課程的目的及內容。

⑶介紹課程如何進行，或請有經驗的父母談談在家如何訓練孩子說話。

⑷討論如何塡寫表格（列出孩子會講的話、聽得懂的話及如何表達）。

⑸交換心得。

2.第二週：

⑴評量及診斷（找出起點）。

⑵示範教學策略及行爲管理技巧，指定章節閱讀。

⑶父母實地演示，並由指導者給予回饋。

⑷父母及老師共同討論如何準備材料。

3.第三週、第五、第六、第八和第九週：

⑴示範：父母先示範上週在家教孩子的內容，再由指導者對其教學方法、教材、程序給予回饋。

⑵訓練內容擬定：指導者及父母共同檢視記錄表，並根據記錄者的結果設定下星期的教學，同時父母亦根據孩子的興趣準備好新的訓練材料，如果時間夠，指導者亦可教些新的技巧，好讓父母學習。

⑶類化：用結構性的語言遊戲來配合孩子已經學會的技巧，同時設立一個環境規則，讓孩子在日常生活中能使用其新學的語言技巧。

4.第四及第七週：

⑴把教學過程拍成教學錄影帶，放給家長看，並討論教學策略及孩子的反應。

⑵父母評估課程的成效，並針對孩子未來的課程提供一些建議。

5.第十一週：

後測評量。

須和孩子環境有關的人達成共識，如此教學才能類化。示範教學多半放在每次父母訓練開始的時候，至於類化及課程計畫的順序先後視孩子需要而定。

二、家長聯誼會

自八十一年起竹師實小融合班成立家長聯誼會，其宗旨及活動內容如下：

㈠成立宗旨

1. 使本學前融合班與幼生家庭獲得密切聯繫，共謀學校之充實發展。
2. 協助學校教育計畫之實施及提供改進建議事項。
3. 聯絡家長間情誼、交換育兒經驗。
4. 爲本學前班之幼生爭取設立融合式小學部就讀機會。
5. 不定期舉辦專題演講，藉以吸收最新資訊。

㈡家長聯誼會記事

1. 八十一年十一月七日

   第一次召開家長聯誼會，家長聯誼會草案通過，並推舉會長及副會長。

2. 八十一年十一月十四日

   第一次臨時會召開，訂立主要工作目標，及聘任執行秘書、財務等基本幹部。

3. 八十一年十一月二十六日

   拜會新竹師院校長，談及對竹師實小成立國小融合班之可行性等意見交流。

4.八十一年十一月二十八日

學前融合班家長聯誼會成立大會暨教學座談會。

5.八十一年十二月六日

參與新竹師院園遊會義賣活動，熱烈響應。

6.八十一年十二月十七日

拜訪各立委候選人，支持推動兒童福利法案之政見，並對特殊教育法作意見交流。

7.八十一年十二月二十三日

聖誕聯歡晚會。

8.八十二年四月十四日

幹部會議。

9.八十二年五月一日

親子聯誼活動。

10.八十二年五月十五日

家長聯誼會期末大會。

㈢活動內容

以下是家長聯誼會辦理的活動項目：

家長聯誼會活動計畫表

期間：＿＿＿＿

時　間	名　稱	內　容	負責人
9 月	教師節	繪製卡片送予老師	
10 月	蟯蟲檢查	每位小朋友都要接受檢查	
10 月	露營	二天一夜的活動	
11 月	牙齒保健	(1)檢查小朋友是否有蛀牙 (2)如何刷牙	
12 月	園遊會	配合學校活動	
12 月	聖誕晚會	化粧表演、聚餐	
12 月	視力保健	請醫師談「如何避免近視」	
1 月	家長座談會	促進親子互動關係	

㈣家長座談會

時間：八十一年十一月二十八日

1. 主持人的話：

由於本班草創，尚未進入狀況，直到最近情況穩定，還得感謝家長鼎力相助，希望家長能與老師們多做溝通，培養孩子們合群的個性，以期將來都能成爲有禮貌、文質彬彬、受人喜愛的孩子，更希望普通孩子能與特殊孩子融洽的在一起，互相學習成長。

2. 班務介紹：

⑴課程：

①作息表：

8:30-8:50 個別輔導

9:00-9:30 大團體時間

9:30-9:50 戶外時間

10:00-10:20 點心時間

10:20-10:40 小組時間

10:50-11:10 工作時間

11:10-11:20 經驗分享

11:20-11:30 準備放學

②目前小組活動已進行個別評量，結果將在期末整理後發給家長參考。

③考慮每週安排才藝性課程（美勞、音樂、舞蹈等），由老師或外聘專職教師擔任，家長亦可提供課程。

⑵教師人力調配：

①原來我們有四位老師，大林老師原爲專案研究助理，現專心負

責研究工作，因此現在教室內有三位老師負責教學工作。

②爲均衡孩子男女比例和年齡差距，將再多招收二名幼兒，以期普通幼兒與特殊幼兒間比例是二比一。

3.家長參與：

(1)下學期起，根據家長參與意願，請家長自選參與項目，安排家長參與教學的時間。

(2)有關點心方面的事項，以後我們將在月中貼出一張空白的點心單，請願意協助點心準備的媽媽們，自行塡上；其他空白部分，再由學校補滿，並商請一位義工媽媽及一位老師負責統籌協調。所需經費請持收據向大林老師申請。

4.需家長配合事項：

(1)隨時注意每週之課程設計。

(2)協助收集教學資源。

(3)提供幼兒教育方面的資訊或活動消息。

5.座談會家長意見：

問：孩子來到學校，容易感冒且不易痊癒，不知何因？

答：很有可能是因爲還不能適應環境的關係，孩子對環境的抵抗力會慢慢增強。

問：天氣好的時候，希望能讓孩子到操場跑跑。

答：這是很好的建議。

問：戶外場是否可請人打掃？

答：已請校工打掃，平時請小朋友幫忙撿樹葉。

問：孩子變得不喜歡上學，若讓他休息一年再讀，不知情況是否可改善？

答：有些孩子很怕和別的小朋友一起學習，甚至上學後有退化的現象。時間到了，準備度夠了，就會逐漸進步；到時候孩子會較喜歡學習，也喜歡上學，我們會儘量讓孩子喜歡上學。孩子的意見要尊重，但有時父母必須幫他做選擇，幫他適應環境。

問：對於家長參與項目，無法配合，很抱歉。

答：沒有關係，參與要有時間，不必太介意自己無法參與。

三、家庭與學校之聯繫

通常可透過每學期一次的家庭訪視及聯絡簿，做為學校與家庭間溝通的橋樑。

㈠家庭訪視

定期至幼兒家庭訪視，以了解幼兒在家庭學習的情形，訪視記錄表如下頁表。

㈡聯絡簿

上完課帶回家，家長可藉此了解孩子在校情形，格式如 125-127 頁的表。

學前融合班家庭訪視記錄表

<table>
<tr><td colspan="2">學生姓名</td><td></td><td>班別</td><td></td><td>訪視時間</td><td>年　月　日</td></tr>
<tr><td>幼兒在家情形</td><td colspan="6"></td></tr>
<tr><td>家長意見</td><td colspan="6"></td></tr>
<tr><td>訪視者意見</td><td colspan="6"></td></tr>
<tr><td>建議事項</td><td colspan="6"></td></tr>
<tr><td colspan="7">訪視者：</td></tr>
</table>

學前融合班聯絡簿範例

<table>
<tr><td>日　期</td><td>82年6月7日至　年　月　日</td></tr>
<tr><td colspan="2">一、老師的話：
認知：一對一對應：例如果凍對應果凍盒、觸摸板子對應觸摸盤子、蛋對應蛋盒
語言：閉唇練習、開口練習
感官：冷、熱（水）觸摸及分辨
精細：螺絲套環（眼手協調）、彈力黏土
復健：斜坐時對應側面加壓震動要加強，語言治療，要加強「閉口」「唇」活動能力

簽章：</td></tr>
<tr><td colspan="2">二、家長的話：

簽章：</td></tr>
<tr><td colspan="2">三、聯絡事項：
6/17（下星期四）早上九點，請到校拍照。

簽章：</td></tr>
</table>

學前融合班聯絡簿（格式一）

<table>
<tr><td>日　　期</td><td>年　月　日至　年　月　日</td></tr>
<tr><td colspan="2">一、老師的話：

簽章：</td></tr>
<tr><td colspan="2">二、家長的話：

簽章：</td></tr>
<tr><td colspan="2">三、聯絡事項：

簽章：</td></tr>
</table>

學前融合班聯絡簿（格式二）

日期	年　月　日至　年　月　日
學習內容	
親子作業	
老師的話	簽章：
家長的話	簽章：

尋求資源

爲了維持教學的品質，除了有效利用現有資源外，更須尋求現有資源以外的資源。一般可分三種資源：

一、教學資源

分爲課程、教材、視聽器材（如：教學錄影帶、錄音帶）及教具等資源。

教學上的資源可參閱坊間一般出版社出版之幼教教材及教具目錄，至於一些較特殊之器材（如：感覺統合訓練器材及復健器材）則需尋找特定的教材教具出版社或代理國外教學器材的廠商。檢附竹師實小學前融合班教具目錄以爲參考（133～135 頁）。

二、人力資源

除了教師以外的人力，如家長、義工都是很好的人力資源。

三、行政資源

除了學校及主管單位外任何提供特殊幼兒服務的單位，都可視爲一項資源，這可彌補由單一行政機構提供服務之不足，目前計有下列單位提供教養幼兒相關的資訊。

1. 各師範學院特教中心：提供特教諮詢服務。
2. 各醫院的心智科：提供鑑定及診斷服務。
3. 衛生所兒童發展諮詢：提供兒童發展初步檢查及衛生醫療資源諮詢。
4. 社會局或社會科兒童發展諮詢：提供特殊幼兒托育服務之資訊。
5. 教育部及教育局兒童發展諮詢：提供公立及私立幼稚園學前特教班設班資訊。
6. 醫院：提供醫療服務，如復健、語言、物理、職能治療。
7. 家長團體：提供教養等相關資訊。
8. 基金會：提供諮詢及安置服務。
9. 各縣市家庭教育中心及家扶中心：提供教養諮詢服務。
10. 私立早期療育及早期介入相關機構：提供早期介入安置服務。

竹師實小學前融合班教具目錄

復健類

中空滾筒　彩虹滾筒　攜帶式座椅附推車　可調式楔形板　跳床　多功能站立架　彈力大球　復健油土　站立式活動架　感覺統合治療鞦韆組合　攜帶式座椅　14"幼兒椅　12"調背式幼兒椅　低背活動椅　16"扶椅　滑板　步法訓練器　高背活動椅　10"支持椅　豪華地板座椅組　半圓體多功能復健器　小兒姿勢治療墊　草上精靈組　攜帶式座椅楔形墊

認知類

邏輯小人　接龍小方塊　形形色色加底板　幽浮　小動物記憶遊戲卡　花卉蔬果紙卡　方向配對遊戲卡　數字紙卡　裡裡外外　分類遊戲　九孔觸摸板　蜿蜒球道　視覺追視　智慧盒　三角幾何板　記憶配對　螺絲套環　彩色圓柱塔　觸覺棒　三角立體組　數彩蛋　空間塔　區分類別刺激器

語文　布書類

野餐盒　表情先生（布掛圖）　日月曆磁鐵組　數字故事書　去旅行　參觀我的家　醫務組（布書）　工具組　數字不織布掛圖　海洋的朋友　數字大掛圖　注音符號印章　數字小掛圖　筆順雕刻板　象形文字看圖說故事　相對論　ㄅㄆㄇ果園大掛圖　注音符號印章遊戲　誰跑得快　好餓的毛毛蟲

科學類

放大鏡縮小鏡　器量觀測器　水秤　測量滾輪　秤盤　百味香　顯微鏡組　磅秤　驚奇盒　光影萬花筒　風速計量器　風向器

精細動作

蒙特梭利衣飾框　釘圖板遊戲　神奇世界　希娜線串　摩天小人　天生好腳　智慧測量鞋　彈珠夾　沙包　雪花片　小彩豆　寶塔　馬賽克幾何拼圖　畢卡索拼板　敲打小水兵　空心積木　釘板

福祿貝爾、蒙特梭利

帶插座圓柱體　福祿貝爾恩物 2.3.4.5.6　福祿貝爾恩物 7.8　加減尺　鐵製形狀嵌板　彩色圓柱體　加減板　構成三角形　三項式及三項式平面圖卡　數數粒　彩色圓柱體圖片　二項式及二項式平面圖卡

數

珠子算盤　數學平方板　數字與籌碼作業組　郵票遊戲　木製砂字板　數棒　紡錘棒箱　彩色圓柱體圖片　亞士算盤組　立體幾何積木　重量天平　智慧教學鐘　亞士算術天平　幾何測量尺　亞士秤盤

拼圖

希臘建築方塊　磁鐵板拼圖　後現代建築　彩色幾何形狀磁鐵　人體構造拼圖（女孩）　人體構造拼圖（女人）　人體構造拼圖（男孩）　汽球數學拼圖　路易士拼圖　手印拼圖　腳丫子拼圖　木製家用品拼圖　印章拼圖　台灣省拼圖　黑色幾何正立方體拼圖　庫伯可斯（Cubicus）　坎培奈（Campanile）　蒙德里安方塊　德式幾何積木　四分之一三體之色　蝴蝶積木　彩虹積木　四色派　摩登方塊　四角堆積木　彩虹方塊　組成三角形　連環蝶　機智板　堆積方塊　旋轉積木方塊　方圓切割板　大小樹　實物立體拼圖　家庭拼圖　農莊拼圖　交通運輸拼圖　雞狗貓兔四面拼圖　季節拼圖　亞士積木　創意方塊　四分拼圖方塊　動物家族拼圖

日常生活（扮演）

敞篷轎車　客貨兩用車　升降卡車　雙面小賽車　海上艦艇　橡皮食物模型　蔬菜組合　水果模型組　醫務箱　手套玩偶　兒童樂園　火車過山洞　校車　渡假別墅　唱機　蜿蜒球道　諾亞方舟

捌

學前與國小課程的銜接

一、學前與國小休閒活動的銜接

一般而言，學前準備度愈夠，則愈能適應國小的生活。對特殊幼兒而言，學前及國小課程的銜接更加重要，如果未做好早期介入，即使進入小學，教學仍需重複學前階段學習內容，而無法提昇到另一階段學習。以下是從休閒娛樂活動這個領域，了解在學校及家庭時，學前及國小兒童常做的活動。

領域 環境	休閒／娛樂活動	
	6 歲以前	6-8 歲
學校活動	看書 使用蠟筆 玩捉迷藏 玩扮家家酒	讀書、看書、寫作 使用黏土及其他材料 玩捉迷藏 玩規則性遊戲
在家一個人做的活動	聽音樂 玩樂器 畫圖／著色 盪鞦韆	聽音樂／欣賞音樂 彈奏樂器 畫圖、寫生 盪鞦韆 球類活動

從上表可看出，無論在家或在學校，學前及國小階段的休閒娛樂活動是有延續性的，且必須以學前階段所學的做爲基礎，延伸到更難的活動或

發展階段。可見，學前及國小課程活動間有銜接的必要。

二、國小融合班介紹

目前竹師實小的學前融合班已往上延伸到國小階段，爲了讓讀者了解學前融合班的課程及理念如何與國小階段的融合班銜接，特將竹師實小國小融合班介紹如下：

竹師實小於民國八十三年九月設立國小融合實驗班，以三年爲實驗期，探討國小階段實施融合之可行性，一班招收學生二十四名，八名特殊學童、障礙類別自輕至中重度，其他十六名爲普通學童，班上有二位老師及一位生輔員，每年自然增班，主要爲延續竹師實小學前融合班而設，實驗重點如下：

㈠上課方式

1. 大部分採分組上課進行，分成二至三組，有三位教師負責，並加義工。
2. 採多層次教學，可以兼顧所有學生的需要。
3. 專業科目另聘老師或治療師協助。

㈡課程設計原則

適用於不同程度的孩子，儘量不把特殊孩子隔離。對所有孩子而言（普通孩子及特殊孩子），基本技巧的學習都應是個別化的；特殊教育的服務儘量統合到日常的教學中，減少把孩子抽出教室的時間；特殊孩子在班上和其他同學都是平等的。

當特殊孩子參與普通班課程時，他或她的教學目標就直接取自同年級普通孩子的課程目標。老師再針對特殊孩子的需要來調整特殊孩子的課程，這個調整是隨著科目的性質而異，例如一個三年級的特殊孩子，其社會科的教學目標部分和班上的普通孩子相同，但是某些部分會做較多調整，例如使用較多的圖片，以代替文字的閱讀，也可使用錄音機將課文的內容錄下，或使用合作學習方式，由普通同儕協助特殊孩子學習，將課文的摘要讀給特殊孩子聽。而事實上特殊孩子學習的內容和普通孩子的層次可以是不同的。一般而言，特殊孩子課程的調整可分爲三個方面：

1. 從普通課程著手：

以普通課程作架構，採多層次教學，例如上數學課時，特殊孩子的課程層次低於大多數的同班同學，因此老師必須設計多層次的教學，以符合孩子的需要。這種調整課程的方式，尤其適合一些有明顯順序的科目〔例如數學及閱讀〕。其他科目之教學順序較不明顯，就須事前多加計畫，以確保孩子能夠參與。

2. 課程重點著重在學生的參與：

學生和同儕一起參與各種活動，活動的目標並不在於學會科目中的基本技巧，而是透過這些活動培養孩子的社會、動作及溝通的技巧。因而當特殊孩子參與普通班級的社會課時，最主要的目標是增進特殊孩子和同儕的互動能力，進而使用正確的社會技巧。當一個班級的一個小組在上「台灣的介紹」時，特殊孩子的工作是在協助下幫忙剪圖片，搜集材料，並且將圖片貼在剪貼簿上。特殊孩子並不被期望和其他同儕一樣學會「台灣的由來」，而是經由參與小組或團體的活動中，個別去學習適合其能力之社會及溝通的技巧。

3.功能性的課程：

特殊孩子教學的目標不是取之於普通課程，而是選取其日常生活中最需要具備的技巧，例如學習如何使用金錢去購物、如何看時間及遵守作息，對這些特殊孩子而言都是很重要的功能性技巧。

總之，不管課程如何調整，都應儘量配合特殊孩子的需求。

㈢學習型態

學習型態分爲下列數種：

1.個別化教學：

依學生的需要，安排語言、知動、生活訓練、認知、感覺統合等訓練。特殊訓練課程除了安排個別時間外，儘量融合在日常課程之中，並依孩子的需要排列主要課程及輔導課程，隨時調整課程內容，改進教學方法。例如語言訓練課程儘量安排在大團體等活動之中。

2.小組教學：

採異質性團體分組，分成二至三組。

3.團體教學：

全班一起上，例如美勞課。

4.角落教學：

包括語文、知動、數學、自然等角落，讓孩子計畫如何在角落工作、學習及評鑑，以培養獨立思考、共同合作的能力。配合角落教學教室內有一大佈告欄，用來記錄學生在學習角落活動的情形。在自我計畫欄上有一個時鐘，老師會撥上學習角落開放的時間，每個學習區在自我計畫欄上有一個固定區域，每個學習區下都有一些格子，讓學生把自己的名牌插入，當學生決定到某個學習區域工作時，必須把自己的名牌插入屬於這個學習區的格子內；至於每個學習區格子的數目可視課程而定，假如某個學習區的格子已被插滿，學生必須另做選擇，在完成學習區的活動並且經過老師簽名後，學生可以轉到其他的學習區。由此可見，學習區的設置可以讓學生養成自我決定及養成對材料負責的習慣。

演講大綱

本章透過演講大綱了解和學前融合教育相關的主題，以期對學前融合教育產生正確的觀念。共選取六則較具代表性的演講大綱（演講者爲吳淑美教授），對象爲幼稚園或托兒所教師及行政人員。

一、學前融合教室之經營與課程

(一)融合式教育之介紹

1. 緣起
2. 定義
3. 特點
4. 類別

(二)融合式教育班級之特色

1. 異質性高
2. 合作代替競爭
3. 普通幼兒及特殊幼兒有共同的學習經驗
4. 教學強調經驗及主動學習
5. 提供特殊學生個別化教學

(三)教學策略／調整教學

1. 活動式教學
2. 多層次教學
3. 工作分析

㈣教學管理

1.作息

2.環境的安排

3.分組

4.課程計畫

4-1 單元教學

4-2 小組教學

4-3 角落教學

㈤未來之趨勢

1.整合

2.與小學銜接

二、當班上有特殊孩子怎麼辦？

㈠緒論

1.在學前階段有多少特殊孩子？

2.學前特教模式探討之研究

㈡何謂特殊幼兒及其種類？

1.定義

2.類別

3.鑑定—安置—輔導

㈢如何尋求資源？

1.提供服務

2.轉介

㈣普通幼稚園如何因應特殊幼兒的融入？

1.老師方面

⑴班級管理技巧　⑵環境佈置　⑶教材教法

2.家長

⑴特殊幼兒家長　⑵普通幼兒家長

3.學生

㈤結語

三、如何由學前階段走到國小階段融合式教育——從竹師實小學前融合班談起

㈠融合式教學的理念

1.緣由

2.本質

3.指標

㈡教學如何兼顧普通及特殊幼兒的需要？

1.教學原則：經驗學習及主動參與

2.教學策略：

⑴異質性團體教學

(2)多層次教學

(3)活動式教學

(4)合作學習

(5)遊戲團體

(三)**課程架構**

1.主要學習經驗：將功能技巧融入

2.診斷教學（應用兒童發展理論）：評量—教學—評量

3.潛在課程：非經由既定課程及教學安排自然衍生出來的學習成果

(四)**學前及國小的銜接與改變**

(五)**結語**

四、學前融合班課程設計

(一)**融合式教學的理念**

1.定義

2.學前融合班實施方式介紹

3.竹師實小學前融合班介紹

(二)**如何實施教學？**

1.教學原則及流程

2.課程設計

(1)課程調整

(2)課程計畫

⑶主要經驗：將功能技巧融入

⑷活動式教學（含錄影帶介紹）

⑸多層次教學

⑹異質性遊戲團體

⑺ IEP：以聽障幼兒爲例

㈢結語

五、學前融合之意義與原則

㈠回歸主流

㈡融合或包含

1.緣由

2.定義、特質、價值

3.融合之程度及模式

㈢融合之指標

㈣融合成功與否之相關因素

1.研究結果

2.教師

3.父母

4.學校課程

㈤結論

六、由早期療育談到如何發現及輔導特殊幼兒

㈠早期療育的理念

1. 定義
2. 理念
3. 方式

㈡如何發現及評量特殊幼兒？

1. 特殊教育的類別
2. 問題範圍
3. 檢核表
4. 診斷教學模式

㈢如何安置特殊幼兒？

1. 融合班
2. 學前特教班
3. 一般幼稚園

㈣如何輔導？

1. 班級管理
2. 課程調整
3. 作息安排
4. 環境
5. 尋求資源

㈤結語

參考資料

1. Allen, K. E. (1996). *The exceptional child：Inclusion in early childhood education.* Delmar Publishers.

2. Eichinger, J. L Woltman, S.(1993). Integration strategies for learners with severe multiple disabilities. *Teaching exceptional children,* p. 18-21

3. Odom, S. L. (1988). *Early intervention for infants and children with handicaps.* Paul H. Brookes Publishing Co.

4. Olson, J. L Platt, J. (1992). *Teaching Childen and adolescents with special needs.* N.Y. : Merrill Publishing Co.

5. Rosenkoetter, S. E. (1994). *Bridging early services for children with special needs and their families.* A practical guide for transition planning. Paul H. Brookes Publishing Co.

6. Wang M.C. (1992). *Adaptive education strategies : Building diversity.* Paul H. Brookes Publishing Co.

永然法律事務所聲明啟事

本法律事務所受心理出版社之委任爲常年法律顧問，就其所出版之系列著作物，代表聲明均係受合法權益之保障，他人若未經該出版社之同意，逕以不法行爲侵害著作權者，本所當依法追究，俾維護其權益，特此聲明。

永然法律事務所 

李永然律師 

學前融合教育 4

學前融合班教學理念篇

作　　者：吳淑美
副總編輯：張毓如
總 編 輯：吳道愉
發 行 人：邱維城
出 版 者：心理出版社股份有限公司
社　　址：台北市和平東路二段 163 號 4 樓
總　　機：(02) 27069505
傳　　真：(02) 23254014
郵　　撥：19293172
E-mail　：psychoco@ms15.hinet.net
網　　址：www.psy.com.tw
駐美代表：Lisa Wu
Tel　：973 546-5845　Fax：973 546-7651
登 記 證：局版北市業字第 1372 號
印 刷 者：翔勝印刷有限公司
初版一刷：1998 年 11 月
初版二刷：2002 年　9 月

定價：新台幣 180 元

ISBN 957-702-290-1

國家圖書館出版品預行編目資料

學前融合班.教學理念篇 / 吳淑美著.-- 初版.
--臺北市：心理，1998 [民 87]
面；　公分.　--　(特殊教育；36)
參考書目：面
ISBN 957-702-290-1(平裝)

1.特殊教育　2.學前教育

529.6　　　　87014057

讀者意見回函卡

No.______ 填寫日期： 年 月 日

感謝您購買本公司出版品。為提升我們的服務品質，請惠填以下資料寄回本社【或傳真(02)2325-4014】提供我們出書、修訂及辦活動之參考您將不定期收到本公司最新出版及活動訊息。謝謝您！

姓名:____________________ 性別：1□男 2□女

職業:1□教師 2□學生 3□上班族 4□家庭主婦 5□自由業 6□其他_____

學歷:1□博士 2□碩士 3□大學 4□專科 5□高中 6□國中 7□國中以下

服務單位:__________________ 部門:____________職稱:__________

服務地址:__________________________電話:________傳真:________

住家地址:__________________________電話:________傳真:________

電子郵件地址：______________________________________

書名：____

一、您認為本書的優點：（可複選）

❶□內容 ❷□文筆 ❸□校對❹□編排❺□封面 ❻□其他_______

二、您認為本書需再加強的地方：（可複選）

❶□內容 ❷□文筆 ❸□校對❹□編排 ❺□封面 ❻□其他______

三、您購買本書的消息來源：（請單選）

❶□本公司 ❷□逛書局⇨______書局 ❸□老師或親友介紹

❹□書展⇨____書展 ❺□心理心雜誌 ❻□書評 ❼□其他_______

四、您希望我們舉辦何種活動：（可複選）

❶□作者演講❷□研習會❸□研討會❹□書展❺□其他__________

五、您購買本書的原因：（可複選）

❶□對主題感興趣 ❷□上課教材⇨課程名稱__________________

❸□舉辦活動 ❹□其他________________

（請翻頁繼續）

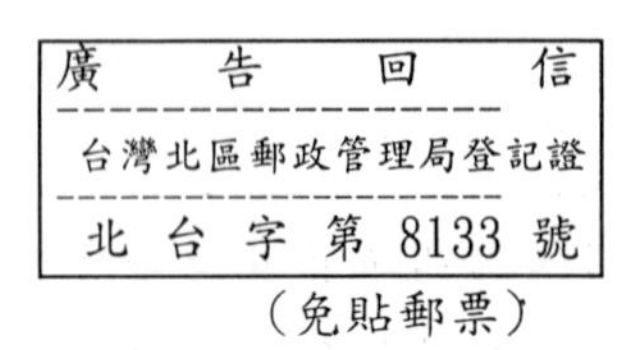

（免貼郵票）

心理出版社股份有限公司
台北市106和平東路二段163號4樓

TEL:(02)2706-9505
FAX:(02)2325-4014
EMAIL:psychoco@ms15.hinet.net

沿線對折訂好後寄回

六、您希望我們多出版何種類型的書籍

❶□心理❷□輔導❸□教育❹□社工❺□測驗❻□其他

七、如果您是老師，是否有撰寫教科書的計劃：□有□無

書名/課程：____________________

八、您教授/修習的課程：

上學期：____________________

下學期：____________________

進修班：____________________

暑　假：____________________

寒　假：____________________

學分班：____________________

九、您的其他意見

____

謝謝您的指教！ 63004